Wo bleiben die Kunden?

Matthias Wölkner

# Wo bleiben die Kunden?
# Modernes Reisebüro-Marketing

Deutscher
Kommunikations
Verlag

Die Deutsche Bibliothek - CIP Einheitsaufnahme

Wölkner, Matthias
Wo bleiben die Kunden? Modernes Reisebüro-Marketing / Matthias Wölkner

ISBN 3-937677-03-8

## Impressum

ISBN 3-937677-03-8


2. völlig neuverfasste Auflage


Cover: Hendrik Müller-Lenhartz, Dipl.-Des., Berlin

Verlag:
Deutscher Kommunikations Verlag
Postfach 2106
71011 Böblingen
http://www.d-k-verlag.de

## Inhalt

## 3 Ihre Markting-Planung

## 5 Die Marketing-Klassiker

# Vorwort

Läuft Ihr Reisebüro so gut, wie Sie sich das wünschen? Machen Sie den Umsatz, den Sie brauchen? Haben Sie immer genügend Kunden im Laden? Erinnern Sie sich an die Träume, mit denen Sie damals in die Touristik gingen – haben sie sich zu Ihrer Zufriedenheit erfüllt?

Wenn Sie auch nur eine der vier Fragen mit Nein beantwortet haben, sind Sie hier richtig. Denn offensichtlich denken Sie nicht wie viele Reisebüroleiter, Eigner, Touristik-Führungskräfte und ExpedientInnen. Sie denken nicht, dass Sie auf Gedeih und Verderb von der Konjunktur abhängig sind. Sie wissen etwas, was die meisten Ihrer Kolleginnen und Kollegen nicht wissen: Jeder Reisebüro-Manager, jede Expedientin und jeder Expedient kann sich unabhängig von der mauen Konjunktur machen.

Wenn Sie sich umschauen, werden Sie vielleicht sogar einige Agenturen erkennen, die das offensichtlich bereits erreicht haben. Womit? Mit modernem Reisebüro-Marketing. Wenn es selbst in diesen schlechten Zeiten einigen Reisebüros glänzend geht, ist sicher nicht die Konjunktur „schuld“ daran.

**In guten Zeiten geht es allen gut, in schlechten nur den Guten.**

Was macht die Guten gut? Was macht sie unabhängig von der wankelmütigen Konjunktur? Modernes Reisebüro-Marketing. Ohne geht es heute einfach nicht mehr, wie die Mehrzahl der Reisebüros eindrucksvoll beweist. Nämlich dadurch, dass jährlich Tausende von ihnen dichtmachen oder Mitarbeiter entlassen müssen – nicht wegen der schlechten Konjunktur (das ist nur der Anlass), sondern wegen der schlechten Marktbearbeitung (das ist die eigentliche Ursache). Denn der Markt hat sich verändert. Heute kommt der Kunde nicht mehr wie früher und möchte sich beraten lassen. Er kommt vielmehr rein, schwenkt einen Internet-Ausdruck und fragt: „Haben Sie das auch?“ Die Zeiten haben sich geändert, und wer mit dieser stetigen Veränderung mithalten kann, macht nach wie vor gute Geschäfte.

Selbst wer weniger gute Geschäfte macht, weiß zumindest, woran es liegt. Nicht an der Konjunktur, auch wenn noch so viel darüber gejammert wird. Natürlich ist die Konjunktur schlecht – doch wenn sie der alleinige und einzige Umsatzfaktor wäre, dann dürfte es keine Reisebüros geben, die selbst jetzt noch glänzende Geschäfte machen. Gibt es aber. Wie schaffen die das? Mit modernem Reisebüro-Marketing.

„Aber ich habe doch nicht Marketing studiert!“ Stellen Sie sich vor, von solchen schwachen Vorurteilen lassen sich viele Reisebüroleiter und Agentur-Inhaber davon abhalten, mit einem modernen, professionellen, wirksamen und vor allem einfachen und praxistauglichen Marketing ihre kühnsten Umsatzträume zu erfüllen. Darf ich Ihnen ein Geheimnis verraten, das noch nicht einmal alle Marketing-Professoren kennen?

> Um mit modernem Reisebüro-Marketing Ihre kühnsten Umsatzträume zu übertreffen, müssen Sie nicht Marketing studiert haben. Im Gegenteil. Es wäre sehr hilfreich, wenn Sie es *nicht* studiert haben.

Seit Jahren berate, coache und trainiere ich Führungskräfte in der Touristik und vom ersten Tag an fiel mir auf: Das beste, wirkungsvollste und umsatzstärkste Marketing machen nicht die studierten Marketing-Experten aus dem akademischen Elfenbeinturm, sondern die pragmatischen Praktiker mit viel gesundem Menschenverstand, denen kein noch so gelehrter Akademiker ein X für ein U vormachen kann. Und so eine(r) sind Sie – sonst würden Sie nicht dieses Buch in Händen halten.

Also darf ich Ihnen gratulieren: Sie bringen die besten Voraussetzungen mit, mit Hilfe dieses Buches ein exzellenter Marketing-Fachmann zu werden, der mit modernen Marketing-Instrumenten bereits nach wenigen Wochen

- spürbare und deutliche Umsatz- und Ertragsverbesserungen erzielt
- nicht länger krampfhaft über weitere Entlassungen nachdenken muss
- endlich wieder das Gefühl hat, nicht mehr Spielball der Konjunktur zu sein, sondern das Ruder wieder in der eigenen Hand hält
- die Lage wieder unter Kontrolle hat
- wieder Spaß an und bei der Arbeit hat
- endlich wieder daran denken kann, sich seine touristischen Träume zu erfüllen
- wesentlich zur Existenzsicherung seines/r Reisebüros beiträgt
- die Zukunft wieder rosig sieht.

Das wäre auch was für Sie? Packen wir's an.

# 1 Keine Angst vor Marketing!

## Warum macht es dann nicht jede(r)?

Das haben Sie sich auch schon gefragt? Weil, so unglaublich das klingt, die meisten Menschen Angst vor Marketing haben. Sie kennen es nur vom Hörensagen, von (schlechten) Büchern und von Marketing-Gurus, die kein Mensch versteht.

| Touristik-Praktiker machen kein Marketing, weil sie Angst davor haben oder Vorurteilen aufsitzen. |
|---|

Das ist gut. Denn Ängste und Vorurteile kann man beseitigen. Viel leichter als zum Beispiel einen Schnupfen. Tun wir das doch gleich mal für die häufigsten Ängste und Vorurteile.

## Marketing ist doch so kompliziert!

Wer hat Ihnen denn diesen Unsinn erzählt? Marketing ist nicht komplizierter als ein Reifenwechsel. Das kriegt jede(r) hin. Natürlich gibt es eine Menge hochkomplizierter Marketing-Definitionen, die Uniprofessoren gerne erfinden, um als besonders gelehrt dazustehen. Doch das sollte einen Praktiker, eine Praktikerin wie Sie nicht weiter tangieren. Wie einfach Marketing wirklich ist, zeigt eine jener Definitionen, die nicht nur an verstaubten Lehrstühlen gebraucht wird, sondern international verwendet wird:

| **Die 6A-Definition:**<br>Marketing ist die **A**usrichtung **a**ller **A**ktivitäten eines **A**nbieters an den **A**nforderungen seiner **A**bnehmer. |
|---|

Das kann sich jedes Kind merken. So einfach ist das? Warum hat Ihnen das nicht vorher schon jemand gesagt?

## Wir machen schon Marketing!

Leider falsch. Die meisten Reisebüros machen kein Marketing, sondern Werbung. Wenn man nicht weiß, was Marketing ist, verwechselt man beides leicht. Viele Laien glauben auch, dass Marketing nur ein wohlklingenderer Name für Werbung sei. Weit gefehlt.

| Werbung ist nur ein kleiner Teil von Marketing. |
| --- |

Die vier Hauptelemente von Marketing beschreibt die internationale 4P-Formel. Marketing ist demnach die systematische Gestaltung der Elemente

- Product: Wie muss mein Produkt, meine Dienstleistung aussehen, damit meine Kunden Geld dafür bezahlen?
- Place: Wo und wie muss ich mein Reisebüro und meine Angebote zeigen, damit sie Kunden positiv auffallen?
- Price: Mit welchen Argumenten muss ich meine Preise vermitteln, damit sie die Kunden gerne bezahlen?
- Promotion: Erst hier kommt die Werbung als eines von vielen Promotionsinstrumenten ins Spiel – neben PR, Beratung, Kundenveranstaltungen, ...

## Marketing ist nur was für Werbeagenturen!

Nein, die verdienen lediglich (gut) Geld damit. Mit dem Marketing ist es so wie mit allen anderen Dienstleistungen auch: Sie können entweder den Maler kommen lassen oder Ihr Wohnzimmer selber tapezieren. Oft ist das Ergebnis der zweiten Option besser und die Schweinerei in der Wohnung geringer. Sie können auch das Schuhebinden einem externen Consulter delegieren, wenn Sie möchten. Fürs Schuhebinden ist Outsourcing genauso sinnvoll wie fürs Marketing auch.

Marketing ist viel zu wichtig, um es einem Externen zu überlassen.

Marketing ist Chefsache. Natürlich können und sollen Sie externe Experten auch mal als Takt-, Ideen- und Ratgeber, als Anschieber und Coaches einsetzen (tun Sie ja gerade auch). Doch die eigentliche Marktbearbeitung ( = Marketing auf Englisch) ist genau so wenig delegierbar wie Ihre Kundenberatung.

## Ich habe für Marketing keine Zeit!

Wer hat die schon? Glücklicherweise durchschauen gerade Touristik-Experten die Fadenscheinigkeit des Zeitarguments relativ schnell. Eine Reisebüroleiterin aus der Mitte Deutschlands erklärte mir mal dazu: „Das Zeitargument ist keines. Wenn ich eine Bildungsreise auf dem Jakobsweg machen möchte, dann verliere ich mit jeder gesparten Stunde Vorbereitung zehn Stunden, weil ich mich andauernd verfahre, an Sehenswürdigkeiten vorbeilaufe oder mich total verzettele.“ Will heißen:

Wer heute eine Stunde in Marketing investiert, erspart sich übermorgen zehn Stunden Frust und Umsatzschwäche.

Vor allem: Wie wollen Sie denn ohne Marketing unternehmerisch auf einen grünen Zweig kommen? Kennen Sie eine Alternative? Ich nicht. Die Zeit, die Sie in Marketing investieren, lohnt sich so schnell und so reichhaltig, dass Sie gerne hin und wieder eine Stunde dafür dransetzen werden.

## Für Marketing haben wir kein Geld!

Dann haben Sie echt Glück! Denn Geld macht gutes Marketing bloß kaputt. Schauen Sie doch an, was die Konzerne mit ihren Marketing-Millionen anstellen. Das ist größtenteils zum Steinerweichen, peinlich, nutzlos, unwitzig, unrentabel. Fette Budgets sind der Tod der Kreativität.

Für ein professionelles und vor allem wirksames Marketing brauchen Sie nicht viel Geld, sondern viel Kreativität, gesunden Menschenverstand, Kommunikationskompetenz und Hartnäckigkeit.

Das alles haben Sie als Touristik-Praktiker bereits – sonst wären Sie schon lange nicht mehr im Geschäft! Und vor allem:

Der hektische Aktionismus, den viele derzeit betreiben, kostet viel mehr Geld als gutes Marketing.

Gutes Marketing spart eher Geld, weil es im Gegensatz zum hektischen Aktionismus effektiv und effizient ist.

# 2 Auf dem Feldherrn-Hügel

## *Strategisch denken*

### Kostensenken reicht nicht

In den letzten Jahren herrschte bei den meisten Reisebüros ein unbefriedigender bis schlechter Buchungseingang. Davon können Sie auch ein Lied singen?

Die meisten Reisebüros haben schon mächtig die Kosten gesenkt, sprich Personal entlassen. Trotzdem hat sich die Lage nicht wesentlich gebessert. Und das hat seinen Grund:

> Kostensenkungen können nicht die Existenz eines Unternehmens sichern – obwohl Wirtschaftslaien und große Teile der Presse das gerne annehmen.

Die Existenz eines Betriebs hängt viel stärker am Umsatz als an den Kosten. Die dollsten Kostensenkungen bringen eben keinen Cent mehr Umsatz. Im Gegenteil. Wenn man Pech hat und Leistungs- nicht von Leerkosten unterscheiden kann, kosten Kostensenkungen sogar noch Umsatz. Die meisten Unternehmen sparen sich deshalb derzeit nicht gesund, sondern krank.

Das wissen viele Reisebüroleiter und Agentur-Inhaber. Was tun sie dagegen?

### Der Schulungsirrtum

Viele Führungskräfte in der Touristik schicken derzeit ihre Mitarbeiter in Scharen auf Verkaufstrainings. Ist irgendwie einleuchtend: Wenn's am Umsatz hapert, muss der Verkauf besser werden! Leider ist das eine Fehlannahme.

Während ich in den letzten Monaten in der Republik unterwegs war, um Reisebüroleiter und Agentur-Inhaber zu coachen und zu beraten, dachte ich, dass ich bei dieser Gelegenheit auch mal einige Kundengespräche am Counter beobachten könnte. Um herauszufinden, ob die Beratung wirklich so schlecht ist, wie Branchenkritiker behaupten. Leider eine Fehlanzeige: Während ich in den Reisebüros war, betrat kein einziger Kunde das Geschäft. Was uns unweigerlich zu der Schlussfolgerung führt:

> Was nützt es, wenn Sie Ihre ExpedientInnen für den Verkauf schulen, wenn keine Kunden in den Laden kommen, denen sie etwas verkaufen können?

Es fehlt offensichtlich nicht in erster Linie am Verkauf, sondern zunächst einmal am Marketing. Denn eine Kurzdefinition von Marketing lautet:

> Marketing = Kunden in den Laden kriegen

Jedenfalls ist die Reihenfolge klar: Das Marketing kommt vor dem Verkauf! Natürlich sind Verkauf und Beratung auch wichtig – aber das ist ein anderes Thema und ein anderes Buch: „Mehr Erfolg am Counter". Vom selben Autor in Ihrer Buchhandlung um die Ecke oder im Online-Buchhandel erhältlich.

## Hektischer Aktionismus überspielt geistige Windstille

Weil den meisten Reisebüroleitern und Agentur-Inhabern irgendwie klar ist, dass mehr Kunden in den Laden müssen, entfalten viele von ihnen einen hektischen Aktionismus: Eine Aktion jagt die andere, ständig neue Angebote im Schaufenster, mit großen Hoffnungen werden Anzeigen geschaltet. Das verstehen dann viele Führungskräfte unter Marketing. Dabei ist es lediglich operative Hektik.

Es gibt einen Unterschied zwischen Hektik und Effektivität.

Der verbreitete Aktionismus zeigt so gut wie keine Wirkung, was man besonders gut und teuer bei den Anzeigen sieht: Sie kosten richtig Geld – doch leider hat keiner von so viel davon, wöchentlich eine ganze Seite zu schalten. Da alle Reisebüros ungefähr gleich viel Anzeigen schalten, hebt sich die Wirkung der Anzeigen gegenseitig auf.

## Haben Sie schon mal gebaut?

Wer ein Haus bauen möchte, der kauft nicht zuerst die Badfliesen oder die Tapeten ein. Das sind zwar wichtige Anschaffungen – aber im Vergleich zum großen Ganzen nur verschwindend kleine Teile. Was ist das große Ganze? Der Bauplan. Ohne Bauplan geht jeder Hausbau in die Hose.

Was der Bauplan für den Erfolg des Hausbaus, das ist die Marketing-Strategie für den Erfolg eines Unternehmens.

Oder anders ausgedrückt: Auch für den unternehmerischen Erfolg gibt es einen Bauplan, eben die Marketing-Strategie.

## Abkupfern ist keine Strategie

Vielen Reisebüroleitern und Agentur-Inhabern sitzt eine Laus im Pelz: Ein erfolgreicher Mitbewerber, der ihnen das Leben am Ort schwer macht. Veranstaltet dieser Konkurrent eine erfolgreiche Marketing-Aktion, kupfern sie ungeniert ab. Und dann wundern sie sich, warum die Me-too-Taktik nicht hinhaut und die angeblich so erfolgreiche Aktion ausgerechnet bei ihnen floppt.

Ich berate und coache viele Inhaber, die mehrere Reisebüros besitzen. Und selbst diese stellen regelmäßig fest:

Erfolgreiche Aktionen lassen sich nicht von einem Reisebüro aufs andere übertragen.

Weil jedes Reisebüro ein anderes Zielgruppen-Portfolio mit anderen Kunden und anderen Urlaubsmotiv-Kombinationen hat. Das eine Reisebüro hat viele Laufkunden, das andere hauptsächlich betuchte Rentner. Die Aktionen des einen lassen sich daher nicht auf das andere übertragen. Würde auch kein Kfz-Mechaniker machen: Ein BMW-3er-Getriebe passt eben nicht in einen VW Golf.

An einer eigenen Strategie führt kein Weg vorbei.

# *Die Ist-Analyse: Wo stehen Sie?*

## Rauf auf den Feldherrn-Hügel

Wenn eine Marketing-Strategie so entscheidend ist für die Existenz Ihres Unternehmens, kann die Maxime nur lauten:

> Raus aus dem hektischen Aktionismus und rauf auf den Feldherrn-Hügel!

Das dürfen Sie fast wörtlich nehmen. Im eigenen Büro funktioniert Strategiebildung nicht, weil man meist nicht ungestört ist und auch innerlich zu dicht auf der operativen Hektik drauf sitzt. Verändern Sie daher den Kontext. Gehen Sie an einen ruhigen, schönen Ort, an dem Sie sich wohl fühlen und Ihren Gedanken freien Lauf lassen können. Wohnzimmer, Küche, freie Natur – egal. Hauptsache, Sie fühlen sich wohl dort und können ungestört arbeiten, über Grundsätzliches nachdenken und relaxen. Das schaffen Sie nur, wenn Sie Abstand gewinnen zur Alltagshektik. Die Strategiebildung selbst läuft in drei einfachen Schritten ab:

1. (M)Ist-Analyse: Wer sind überhaupt meine Kunden, ihre Urlaubsmotive, meine Ressourcen und Restriktionen? Das heißt: Wovon muss ich ausgehen?
2. Strategiebildung: Wie sieht im Gegensatz dazu meine Soll-, meine Wunschsituation aus?
3. Zielbildung: Wie komme ich vom Ist zum Soll?

Einfach, nicht wahr? Dafür braucht man weder Abitur noch Alma Mater. Gehen wir die drei Schritte der Reihe nach durch.

## Die (M)Ist-Analyse: Wer ist der Kunde?

Je besser Ihre Marktbearbeitung zu Ihren Kunden passt, desto erfolgreicher werden Sie sein.

Deshalb ist es entscheidend, die eigenen Kunden zu kennen. Machen Sie keine Doktorarbeit daraus. Halten Sie es so übersichtlich wie möglich. Wenn Sie keine exakten Zahlen haben, schätzen Sie. Besser eine schlechte Schätzung als gar keine Zahl. In einem meiner Seminare füllte ein  Agentur-Inhaber das Formblatt so aus:

| **Mein Zielgruppen-Portfolio** | |
|---|---|
| *Zielgruppe* | *Umsatzanteil* |
| Rentner | 30% |
| Singles | 40% |
| Familienurlauber | 30% |

Und nun Sie:

| **Mein Zielgruppen-Portfolio** | |
|---|---|
| *Zielgruppe* | *Umsatzanteil* |
| | |
| | |
| | |
| | |
| | |

Haben Sie's bemerkt? Diese simple Übersicht löst bereits einen Aha-Effekt aus: Man kriegt den Überblick. Man sieht sofort klarer. Das ist die klärende Kraft des Strategiebildungs-Prozesses.

## Wohin gehen Ihre Zielgruppen?

Wie haben sich Ihre Zielgruppen in den letzten Jahren entwickelt? Auch das kann eine gute Führungskraft auf Anhieb abschätzen. Der erwähnte Agentur-Inhaber sagte zum Beispiel: „Die Familienurlauber sind von 50 auf 30 Prozent runter, weil den Familien das Geld ausgeht.“ Stellen Sie auch diese Entwicklung dar:

| **Mein Zielgruppen-Portfolio** | | |
|---|---|---|
| *Zielgruppe* | *von* | *nach* |
| | | |
| | | |
| | | |
| | | |

Sicher ahnen Sie bereits, was als nächstes kommt, nämlich die Frage nach der Zukunft Ihres Reisebüros: Wie wird sich dieser Trend in Ihren Zielgruppen fortsetzen, wenn Sie nichts dagegen unternehmen? Machen Sie eine Anleihe bei der Szenario-Technik und geben Sie eine pessimistische, eine optimistische und eine realistische Schätzung ab:

| **Zukünftige Zielgruppen-Entwicklung** | | | |
|---|---|---|---|
| *Zielgruppe* | *pessimistisch* | *optimistisch* | *realistisch* |
| | | | |
| | | | |
| | | | |
| | | | |

Das macht fast schon Spaß? Das sagen die meisten Führungskräfte. Wenn wir diese Übung im Training machen, sagen viele:

„Ich hab schon ein besseres Gefühl, wenn ich an unsere Zukunft denke.“
„Ich merke, wie ich die Situation unter Kontrolle kriege.“
„Ich komme mir wieder eher wie hinterm Steuer vor als wie sonst in der Tretmühle.“
„Vom Feldherrn-Hügel herab hat man eben den besseren Überblick.“

## Kennen Sie Ihre Pareto-Kunden?

Was sind Ihre Pareto-Kunden? Das heißt mit welchen ...% Kunden machen Sie 80% Ihres Umsatzes?

1897 entdeckte der italienische Ökonom Vilfredo Pareto das nach ihm benannte Prinzip. Es besagt: Der Großteil des Ergebnisses einer Aktivität wird von nur einem kleinen Teil der Anstrengungen verursacht. Überspitzt formuliert: Mit 20% Einsatz erreichen Sie 80% Ergebnis.

Das Pareto-Prinzip ist kontraintuitiv. Das heißt, es widerspricht der landläufigen Meinung. Normalerweise nehmen wir an, dass jeder Kunde gleich wichtig für uns ist. Dass man viel zurück bekommt, wenn man viel hinein steckt. Leider ist das nur eine Meinung, eine schöne Hoffnung. Wie die Hoffnung, dass uns irgendwann die gebratenen Tauben in den Mund fliegen werden. Tatsächlich ist das Universum anders konstruiert: Mit nur einem kleinen Teil Ihrer Kunden machen Sie den größten Teil Ihres Umsatzes oder Deckungsbeitrags.

Es ist wichtig, Ihre Pareto-Kunden zu kennen, denn das sind Ihre wichtigsten Kunden.

Kennen Sie Ihre wichtigsten Kunden? Die wenigsten kennen diese aus dem Bauch heraus. Dafür muss man schon ein wenig Umsatzzahlen wälzen und die einzelnen Kunden nach Umsatzbeitrag in eine Rangreihenfolge bringen. Dann fallen einem meist die Schuppen von den Augen:

Auf die umsatzschwachsten Kunden wird oft am meisten Zeit und Mühe verwendet, während man die umsatzstarken Pareto-Kunden sträflich vernachlässigt.

Das ist nicht nur unökonomisch und gefährdet Arbeitsplätze. Es ist auch unfair und ungerecht: Wie kann man gute, starke Kunden nur vernachlässigen, indem man sich bevorzugt um Kunden kümmert, die die Bemühungen des Reisebüros noch nicht einmal voll zu schätzen und zu honorieren wissen?

Sie sehen: Schon die Ist-Analyse liefert eine Menge bislang ungenutzter strategischer Umsatzpotenziale, die Sie ohne weiteres sofort anzapfen können.

## Warum buchen Ihre Kunden?

Was sind die Buchungs-, die Urlaubsmotive Ihrer Kunden? Das ist die strategisch wichtigste Marketing-Frage überhaupt. Viele Führungskräfte können diese Frage nicht beantworten: „Na, die möchten halt Urlaub machen!“ Das ist leider zu undifferenziert. Wer nur soviel über seine Kunden weiß, weiß zu wenig, um am Markt erfolgreich zu sein. Stellen Sie sich einen Autoverkäufer vor, der nicht weiß, dass ein potenzieller Kleintransporter-Käufer seinen Minibus hauptsächlich zum Transportieren seiner Hobbymaler-Stafeleien benötigt.

Der Verkäufer wird dem Interessenten seinen „Super-Van" mit vielen Argumenten schmackhaft machen. Doch das einzige buchungsauslösende Argument wird er nie bringen können: „In diesen Transporter bringen Sie locker fünf Stafeleien hinein – ohne dass Sie auch nur eine einzige zerlegen müssen!" Danach kauft der Interessent sofort. Fällt dieses Argument nicht, eiert der Kunde herum, erhebt Einwände ohne Ende und geht letztendlich ohne Buchung aber dafür mit einem Prospekt unterm Arm zur Tür hinaus. Kommt Ihnen bekannt vor? Ihren ExpedientInnen passiert das bei drei von fünf Kundengesprächen? Dann wissen Sie jetzt wenigstens, dass es nicht so sehr an deren Verkaufstechnik, sondern zunächst einmal an der mangelhaft abgeklärten Marketing-Frage nach den Urlaubsmotiven liegt.

| Unterschiedliche Urlaubsmotive bedeuten unterschiedliche Beratungsstrategien. |
|---|

| Urlaubsmotive sind das wichtigste Element einer Kundenberatung. Der Turbolader jedes Beratungsgesprächs und das zentrale Element jeder Marketing-Strategie. |
|---|

Welche Urlaubsmotive gibt es? Hier eine kleine Auswahl:

- Entspannung & Erholung
- Abenteuer
- Kultur
- Bildung
- Sport
- Gesellschaft
- Sex
- Preiswürdigkeit (all inclusive)

- Kinderfreundlichkeit
- Luxus
- Prestige
- Sicherheit
- Gesundheit
- ..................................................................
- ..................................................................
- ..................................................................
- ..................................................................

Welche zusätzlichen Motive fallen Ihnen ein? Ergänzen Sie die Liste entsprechend. Selbstverständlich verfolgt jede Zielgruppe, jeder Kunde mehrere dieser Motive. Meist sind es zwei bis drei Hauptmotive. Kennen Sie die Hauptmotive Ihrer Zielgruppen?

| **Mein Zielgruppen-Portfolio** | | | |
|---|---|---|---|
| *Zielgruppe* | *Motiv 1* | *Motiv 2* | *Motiv 3* |
| | | | |
| | | | |
| | | | |
| | | | |
| | | | |

## Der Pro-Kopf-Umsatz

Wieviel Umsatz pro Jahr macht jeder Ihrer Mitarbeiter? Warum sollten Sie das überhaupt wissen? Weil jedesmal, wenn wir den

Pro-Kopf-Umsatz ermitteln, dem Reisebüroleiter oder Agentur-Inhaber der Hut hochgeht:

Spitzenexpedienten bringen oft bis zum Fünffachen des Umsatzes ihrer schwächsten KollegInnen.

In diesem Zusammenhang den Grund für die Misere in der Touristik auf die schwache Konjunktur zu schieben, ist entweder dreist oder dumm. Vor allem ist es unsozial. Wie kann man sich als Expedient in die Hängematte legen und den Großteil der Arbeit den Kolleginnen und Kollegen überlassen, die den Löwenanteil vom Umsatz ranschaffen?

Solidarisch ist das nicht. Doch darum soll es uns gar nicht gehen. Viel wichtiger ist, dass Sie anhand des Pro-Kopf-Umsatzes Ihren Mitarbeitern helfen können. Sie können zum Beispiel erkennen, ob ein Mitarbeiter sich vielleicht in eine völlig unergiebige Zielgruppe verbissen oder Mängel bei der Abschlusssicherheit hat. Dann können Sie ihm/ihr helfen.

Sie können anhand des Pro-Kopf-Umsatzes auch die Best Practices Ihrer SpitzenexpedientInnen modellieren und den anderen KollegInnen zugänglich machen – dann haben alle was davon.

Wenn Ihre schwächsten ExpedientInnen binnen zwei Monaten das Drei- bis Fünffache ihres aktuellen Umsatzes bringen würden – wäre das nicht traumhaft für das ganze Team?

## Gute Ideen und bessere Ausreden

„Die besten Ideen werden von noch besseren Ausreden zunichte gemacht", sagt ein Sprichwort. In allen guten Verkaufsorganisationen führen Führungskräfte ihre Verkäufer seit Jahrzehnten mit dem Pro-Kopf-Umsatz. Nur die Touristik hinkt dem Stand der Entwicklung hinterher. Das merke ich daran, dass in Trainings sofort die Vorbehalte hochkommen, wenn es um dieses Thema geht. Räumen wir die häufigsten drei aus der Welt.

Vorwand A: „Wenn ich meinen Mitarbeitern den Pro-Kopf-Umsatz sage, dann macht das das Team kaputt!" Wer hat denn behauptet, dass Sie die Umsatzzahl dem Mitarbeiter *sagen* müssen? Es reicht doch schon, wenn Sie anhand der Zahlen sehen können, wer von Ihren Mitarbeitern Hilfe benötigt, um stärker zu werden. Außerdem: Wenn Sie nicht mit dem Pro-Kopf-Umsatz arbeiten, zerstört das Ihr Team noch viel stärker – wenn Sie nämlich wegen der anhaltenden, selbstverursachten Umsatzschwäche MitarbeiterInnen entlassen müssen.

Doch selbst wenn Sie die Zahlen offenlegen (gegebenenfalls nach Absprache mit dem Betriebsrat), zeigt die Erfahrung, dass Mitarbeiter darauf eher positiv reagieren: Mitarbeiter brauchen Klarheit und Orientierung. Sie wollen wissen, woran sie sind. Mitarbeiter brauchen Motivation – und nichts motiviert so eindeutig wie Zahlen. Mitarbeiter wünschen sich sehnlichst Unterstützung. Unterstützung können Sie jedoch nur dann gezielt geben, wenn Sie harte Zahlen haben. In einem gesunden Team ist die Reaktion auf Pro-Kopf-Zahlen deshalb auch: „Das packen wir gemeinsam! Die Starken helfen den Schwachen! Das wäre doch gelacht!" Oder wie die Inhaberin zweier Reisebüros im Norden Deutschlands es ausdrückt: „Ein Team, das sich durch Pro-Kopf-Zahlen kaputt machen lässt, war vorher schon kaputt."

Ob ein Team positiv oder negativ auf Pro-Kopf-Zahlen reagiert, hängt sowieso nicht von den Zahlen an sich ab, sondern von der Art und Weise, wie der Vorgesetzte diese Zahlen kommuniziert.

Benutzt der Vorgesetzte die Zahlen als Instrument für eine späte Christenverfolgung und hält sie schwachen Mitarbeitern drohend und vorwurfsvoll vor, dann ist klar, dass die Mitarbeiter mit Reaktanz (Widerstandsverhalten) reagieren. Auf Drohungen und Vorwürfe reagiert jeder normale Mensch allergisch. Drohungen und Vorwürfe haben jedoch nichts mit den Zahlen an sich zu tun.

Setzt der Vorgesetzte die Zahlen dagegen als Mittel für den einzelnen Mitarbeiter ein, besser zu werden, spricht er wertschätzend und unterstützend über das Thema, wird jeder Mitarbeiter seinem Vorgesetzten dafür dankbar sein. Denn Unterstützung akzeptiert jeder Mitarbeiter gerne.

Vorwand B: „Wenn alle nur noch nach dem Pro-Kopf-Umsatz schielen, wer räumt dann die Kataloge ein?“ Wahrscheinlich keine(r), oder? Weil ja alle etwas Besseres zu tun haben. Das stimmt – sofern keine Führungskraft vorhanden ist. So seltsam das klingt: In vielen Reisebüros fehlen Führungskräfte. Es gibt dort zwar Vorgesetzte, aber keine Führungskräfte. Ein klassischer Vorgesetzter jammert, wenn seine Mitarbeiter die Kataloge liegen lassen. Eine echte Führungskraft dagegen führt: „Ich erwarte, dass alle in gleichem Maß beim Einsortieren der Kataloge helfen.“ Und dann kontrolliert sie die Einhaltung dieser Maxime, falls nötig. Nichts anderes bedeutet Führung.

Hinter den Problemen mit Pro-Kopf-Zahlen verbergen sich oft Probleme mit der Führungskompetenz.

Das ist gut. Denn Führungsprobleme lassen sich relativ schnell lösen. Jedenfalls schneller als Standortprobleme. Oft verschwindet das Problem schon nach wenigen Coaching-Sitzungen.
Vorwand C: „Wenn ein Mitarbeiter berät und der Kunde bucht danach bei einem anderen Mitarbeiter – wem soll der Umsatz dann zugerechnet werden?“ Wenn dieses Argument davon abhält,

mit Kopfzahlen zu führen, dann hat das Reisebüro langfristig gesehen kaum Überlebenschancen. Denn wer Beratung und Buchung nicht so organisieren kann, wie es in jeder verkaufsorientierten Branche der Fall ist – nämlich nach dem Grundsatz: „Wer berät, dem gehört auch der Umsatz" – der bringt einfach zu wenig Organisationstalent mit, um auf stagnierenden Märkten zu überleben. Wenn es in anderen Branchen hinhaut, dann kriegen wird das doch auch hin, oder? Wäre doch gelacht.

Wer in den nächsten ein, zwei Jahren nicht auf das Führen mit Pro-Kopf-Umsatz umstellt, wird es sehr schwer haben, zu überleben.

In guten, boomenden, expansiven Märkten kann man aufs Führen mit Kopfzahlen verzichten. In unseren aktuellen, mauen, kontraktiven, ja oft rezessiven Märkten ist es dagegen unverzichtbar.

Je schlechter der Markt, desto besser sollte Ihre Marketing- und Führungskompetenz sein.

## Renner-Penner-Analyse

Welche Produkte verkaufen Sie am meisten? Was sind Ihre Umsatzbringer? Was läuft nicht so gut? Der Hintergrund dieser Fragen liegt auf der Hand: Wenn ich meine Renner nicht kenne, begehe ich mit höchster Wahrscheinlichkeit eine Management-Todsünde: Ich verzettele miene knappen Ressourcen auf die Penner, die meine Mühe nicht lohnen. Oder wie ein Reisebüroleiter aus Bayern es bildhaft ausdrückte: „Ich schaufel mir das eigene Grab!" Stellen Sie eine Rangreihenfolge Ihrer Produkte auf. Was sind Ihre Top Ten?

| **Meine Top-Ten** | | |
|---|---|---|
| *Zielgruppe* | *Umsatz absolut* | *Umsatzanteil in %* |
| 1) | | |
| 2) | | |
| 3) | | |
| 4) | | |
| 5) | | |
| 6) | | |
| 7) | | |
| 8) | | |
| 9) | | |
| 10) | | |

Interessant hierbei ist die Diskrepanz zwischen Bauch und Kopf: Oft ist die rechnerische Reihenfolge eine ganz andere als die, die man aus dem Bauch heraus meist jahrelang falsch aufgestellt hat.

- ❑ Wo sehen Sie noch Umsatzpotenzial?
- ❑ Auf welche Produkte haben Sie sich bislang konzentriert?
- ❑ Ist diese Priorisierung angesichts des Produktranges gerechtfertigt?
- ❑ Oder sollten Sie sich stärker um Ihre Top-Produkte kümmern?

Die Produkt-Analyse können Sie auch anhand des Pareto-Kriteriums (s.o.) vornehmen: Mit welchen 20-40% Ihrer Produkte machen Sie 60-80% Ihres Umsatzes?

Die Produkt-Analyse entlarvt einen typischen Fehler des hektischen Aktionismus: Die meisten Reisebüros machen unter dem Druck des stagnierenden Marktes heute eine Aktion für Produkt X und nächste Woche eine Aktion für Produkt Y – ja nachdem, was die Konkurrenz gerade macht oder die Veranstalter puschen. Ein

Plan, eine Strategie steckt nicht dahinter. Es ist eher Management by Chicken: Wild gackernd durch die Gegend rennen und hier und da ein Korn aufpicken.

Gestalten Sie Ihre Marketing-Aktivitäten nicht danach, was gerade in Mode ist oder sich gut anhört. Konzentrieren Sie Ihre knappen Ressourcen lieber darauf, Ihre Top Ten nach besten Kräften zu puschen.

## Die Standort-Analyse

Wie ist Ihre Lage? Jetzt nicht im übertragenen, wirtschaftlichen Sinne, sondern im rein physischen Sinn. Wie eine alte chinesische Weisheit der Ladenbesitzer lautet: „Kenne deinen Laden!"

- ❑ Wie hat sich Ihr Standort in den letzten Jahren entwickelt?
- ❑ Haben die (verkehrsbedingten) Kundenströme vor Ihrer Haustür zu- oder abgenommen?
- ❑ Hat die Laufkundschaft zu- oder abgenommen?
- ❑ Wie hat sich Ihr Einzugsgebiet entwickelt? Ist es gewachsen, geschrumpft, stagniert?
- ❑ Wie hat sich die Altersstruktur Ihrer Klientel entwickelt, der soziale Status, das Einkommen?
- ❑ Wie müssen Sie strategisch darauf reagieren?
- ❑ Was können Sie selbst zur Standortverbesserung beitragen?
- ❑ Wie können Sie das Beste aus dem vorhandenen Standort machen?

Schon hier wird ein direkter Nutzen der Standort-Analyse offensichtlich: Wer eine Standort-Analyse macht, klagt nicht länger über den Standort, sondern optimiert ihn. Es gibt nämlich keinen Standort der Welt, der sich nicht mit etwas Kreativität und Hartnäckigkeit optimieren ließe.

## Die Konkurrenz-Analyse

- ❑ Wie hat sich die Konkurrenzsituation in den letzten Jahren entwickelt?
- ❑ Wen zählen Sie alles zum lokalen Mitbewerb?
- ❑ Worauf haben sich die Mitbewerber spezialisiert?
- ❑ Was ist ihr Image?
- ❑ Was machen sie marketingmäßig besser?

Diese Fragen klingen banal. Umso erstaunlicher ist, dass sie die meisten Führungskräfte in der Touristik nicht stellen. Vor einiger Zeit beriet ich zum Beispiel einen Reisebüroleiter, der sich aus eigener Kraft aus dem Konjunkturtief befreien wollte. Ein löbliches Vorhaben. Er hatte vor, sich stärker um das lukrative Kreuzfahrt-Segment zu kümmern. An sich eine gute Idee – wenn man nicht strategisch denkt.

Zwar sträubte sich der Reisebüroleiter anfänglich etwas, eine gründliche Ist-Analyse zu machen: „Wozu das denn? Ich weiß doch, dass Kreuzfahrten ein guter Markt sind!“ Doch als wir im Rahmen der Ist-Analyse bei der Konkurrenz-Analyse ankamen, hatte er sein Aha-Erlebnis. Es stellte sich nämlich heraus, dass im übernächsten Stadtteil bei einem Mitbewerber drei Expedientinnen arbeiteten, die jedes derzeit im Seedienst stehende Kreuzfahrtschiff schon mal bereist hatten. Das Image dieses Mitbewerbers im Volksmund war: „Willst du eine Kreuzfahrt machen, geh zu Reisebüro X!“ Gegen diesen Quasi-Monopolisten anzustinken, wäre ein völlig aussichtsloses Unterfangen geworden. Wir sehen daran:

Eine gründliche Ist-Analyse spart Ihnen jede Menge Geld, Zeit und Ärger – indem Sie sie vor Flopstrategien schützt.

## Die Marktanteils-Analyse

Ungefähr die Hälfte aller Reisebüroleiter und Agentur-Inhaber kennt ihren lokalen Marktanteil. Woher? Man muss lediglich die Veranstalter fragen. Die kennen die Buchungssumme jedes Produktes für jede Stadt. Da Sie Ihren eigenen Umsatz pro Produkt kennen, können Sie daraus leicht Ihren Marktanteil errechnen.

Ihr absoluter Marktanteil ist zwar schon relativ interessant. Doch viel interessanter ist, wie sich Ihr Marktanteil über die Jahre entwickelt. Steigt, fällt oder stagniert er?

Das heißt: Wie gut ist Ihr Marketing im Vergleich zum Mitbewerb? Verlieren Sie das Rennen? Oder haben Sie die Nase vorn? Sind Sie auf bestem Wege? Oder auf dem absteigenden Ast? Wer diese Fragen nicht aus dem Stand beantworten kann, ist im Blindflug unterwegs.

## Wie ist Ihr Image?

Wie wichtig Ihr Image für Ihren Markterfolg ist, dürfte Ihnen längst klar sein. Aber was genau ist Ihr Image eigentlich? Kennen Sie's?

- ☐ Wie ist Ihr Image bei Ihrer Kundschaft?

- ❑ Wie sehen Sie Ihr Reisebüro und wie sieht es – oft im Gegensatz dazu – die Kundschaft?
- ❑ Wofür werden Sie als Spezialist wahrgenommen?

Wie kommen Sie an die Antworten? Indem Sie die Ohren aufmachen und mitnotieren, wenn über Ihr Reisebüro geredet wird. Indem Sie auch mal Kunden mündlich oder schriftlich befragen. Indem Sie Verwandte und Bekannte anhauen: „Was redet man so auf der Straße über uns? Was wird positiv, was negativ wahrgenommen?“

| Die ungeschützte Meinung der Kundschaft bietet oft die besten Marketing- und Umsatzpotenziale. |
|---|

## Die Restriktions-Analyse

„Unserer Stadt geht’s immer schlechter, ein Unternehmen nach dem anderen entlässt oder macht dicht, die neue Verkehrsführung hat uns ins Abseits gestellt, unsere Stammkunden sterben weg, die Leute werden immer immobiler, die Arbeitslosigkeit steigt, die Konkurrenz nimmt zu, ... “ Diese Klagen kennen Sie? Wer kennt sie nicht. Die Sache hat nur einen Haken:

| Wer Restriktionen beklagt, geht falsch mit ihnen um. |
|---|

Listen Sie Ihre Restriktionen auf. Das sind jene hinderlichen Umstände, die Sie mittelfristig nicht beeinflussen können:

| **Unsere Restriktionen** | |
|---|---|
| | |
| | |
| | |

Beklagen Sie Restriktionen nicht. Akzeptieren Sie sie und suchen Sie nach Möglichkeiten, damit fertig zu werden.

Dazu ein Beispiel. Am Rande eines Mitarbeiter-Trainings beklagte sich der Geschäftsführer eines Reisebüros: „Das Durchschnittsalter meiner Expedientinnen und Expedienten liegt weit über 40 Jahren! Mit diesem Altersheim kann ich doch nichts bewegen, wenn es um neue Märkte, neue Produkte und neue Marktbearbeitungs-Möglichkeiten geht! Ein modernes Marketing ist mit veraltetem Personal einfach nicht machbar!" Auf den ersten Blick hatte der arme Geschäftsführer ein bedrückendes Problem. Doch wie bereits die alten Römer sagten:

Jedes Problem trägt seine Lösung schon in sich. Und jede Schwäche ist zugleich auch eine Stärke.

Also addierte ich einfach mal das Lebensalter der Belegschaft und kam auf stolze 308 Jahre Erfahrung in Reisen und Urlaub – keiner der Mitbewerber des Reisebüros konnte mit so viel Erfahrung, so viel geballter Kompetenz mithalten! Die Strategie „Junges Team" war offensichtlich Unfug. Die Strategie „Geballte Kompetenz, große Erfahrung" war viel besser.

Beklagen Sie Restriktionen nicht, sondern arbeiten Sie mit ihnen – oder haken Sie sie ab, verschwenden nicht länger Energie und Gedanken daran und suchen sich einfach grünere Auen.

Mit der Restriktions-Analyse ist die Ist-Analyse im Rahmen der strategischen Planung abgeschlossen.

## Was haben Sie nun davon?

Nach der Ist-Analyse sind Sie um einiges schlauer. Sie wissen jetzt, wo Sie stehen. Sie haben bestimmt schon beim Ausfüllen oder Bearbeiten der einzelnen Elemente der Ist-Analyse gespürt: Jetzt haben Sie viel mehr Klarheit, den vollen Überblick über Ihre aktuelle Situation. Das kommt dabei heraus, wenn Sie auf den Feldherrn-Hügel steigen: Die Sicht wird klarer. Logisch: Der Feldherr steht oben.

Von oben sehen Sie gestochen scharf, was Sache ist, was machbar ist und was Sie als unveränderlich hinnehmen, nicht länger Energie darauf verschwenden müssen. Sie erkennen Ihren Ausgangspunkt. Quasi nach dem Motto: Die Zukunft beginnt hier. Und genau um diese Zukunft kümmern wir uns jetzt. Zukunft heißt im Marketing „Strategiebildung".

# *Die Strategiebildung: Wo wollen Sie hin?*

## Das Beste ist eine gute Strategie

Die meisten Menschen wissen nicht, wie wichtig eine gute Strategie für ihr Leben ist. Wir erkennen das zum Beispiel an der mangelhaften privaten Altersvorsorge, an dem Wenigen, was die meisten Menschen auf der hohen Kante für schlechte Zeiten anlegen oder der exorbitant schlechten privaten Gesundheitsvorsorge: Erst wenn's zwickt, tut man was für die Gesundheit.

> Die Bedeutung einer Strategie für Leben und Business wird sträflich unterschätzt.

Das war schon immer so, wie jeder weiß, der schon mal „Alice im Wunderland“ gelesen hat:

„Würdest du mir bitte sagen, wie ich von hier aus weitergehen soll?“, fragte Alice. „Das hängt zum größten Teil davon ab, wohin du möchtest“ antwortete die Katze. „Ach, wohin ist mir eigentlich egal“, sagte Alice. „Dann ist es auch egal, wie du weiter gehst“, sagte die Katze.

Jede Marktbearbeitung, jedes Marketing bekommt erst durch eine zukunftsweisende Strategie die entscheidende Durchschlagskraft.

Die Schlüsselfrage der Strategiebildung ist: Wo wollen Sie hin mit Ihrem Reisebüro? Das hängt von einem guten Dutzend Faktoren ab, die wir gleich mal abklären.

## Checkliste: Der strategische Ausblick

❑ Welche Produkte werden künftig eine stärkere Rolle für Ihr Reisebüro spielen? In welche Richtung müssen Sie sich orientieren?

.................................................................................................

.................................................................................................

❑ Welche Zielgruppen werden künftig für Sie eine stärkere Rolle spielen? Das heißt: Wer hat künftig noch Geld, um zu reisen?

.................................................................................................

.................................................................................................

- [ ] Was sind die Reisemotive dieser Zielgruppen?

.....................................................................................

.....................................................................................

- [ ] Wie müssen Sie Ihren Marktauftritt und Ihre Dienstleistung umgestalten, um an diese Zielgruppen heranzukommen oder um sie noch besser zu bedienen?

.....................................................................................

.....................................................................................

- [ ] Wie müssen in diesem Zusammenhang die Mitarbeiterqualifikationen aussehen? Was fehlt? Worauf können Sie aufbauen?

.....................................................................................

.....................................................................................

- [ ] Welche Unternehmenskultur benötigen Sie für Ihren künftigen Marktauftritt?

.....................................................................................

.....................................................................................

- [ ] Was werden zukünftig Ihre Kernkompetenzen sein (müssen)?

..............................................................................................

..............................................................................................

- [ ] Wie muss Ihr Reisebüro für die zukünftigen Aufgaben strukturiert sein? Welche Prozesse müssen dafür verändert werden?

..............................................................................................

..............................................................................................

- [ ] Worin wollen Sie sich in Zukunft von Mitbewerbern differenzieren?

..............................................................................................

..............................................................................................

- [ ] Wie verändern neue Technologien das Verhältnis zu Ihren Kunden?

..............................................................................................

..............................................................................................

- ❑ Wie nutzen Sie diese Veränderungen?

  ..........................................................................................

  ..........................................................................................

- ❑ Welche Technologien sind für Sie zukünftig sinnvoll und wie werden Sie sie einsetzen?

  ..........................................................................................

  ..........................................................................................

Damit Sie die Checkliste „Strategischer Ausblick" besser bearbeiten können, habe ich sie Ihnen unter unter www.countertalk.de (download) zum kostenlosen herunterladen bereit gestellt..

## Ihr Blick in die Zukunft

Sie haben schon fast einen Krampf in der Schreibhand? Tja, Strategiebildung ist harte Arbeit – mit sofortigem Gewinn: Sie sehen mit jeder beantworteten Frage klarer, wohin der Markt geht, wohin Sie wollen, wohin Sie gehen sollten, wo das Geschäft der Zukunft liegt.

Sie haben eben quasi in Ihre eigene kleine Kristallkugel geblickt. Sie haben die Zukunft gesehen – und das haben Sie einer Menge Mitbewerbern voraus, die einfach nur über Gegenwart und Zukunft jammern. Sie haben diesen Vorteil dem Mitbewerb insbesondere dann voraus, wenn Sie die kleine Übung *schriftlich* gemacht haben. Dann haben Sie bereits einen wichtigen Grundstein für Ihren Erfolg in der Zukunft gelegt. Wie schon Goethe sagte: Was man schwarz auf weiß besitzt, ...

Mit der obigen Checkliste haben Sie sozusagen ein Fernglas, mit dem Sie in die Zukunft schauen können. Sicher haben Sie beim Durchblicken durch das Fernglas bemerkt: Wer so ein Fernglas hat, braucht sich um seine Zukunft keine Sorgen mehr zu machen. Denn er/sie weiß, wohin der Hase läuft. Was verschafft ein Fernglas? Bessere Fernsicht. Im Marketing heißt das Vision.

Eine Vision gibt Orientierung. Orientierung gibt Kraft und Motivation.

Ein Tipp: Wenn Sie bei einer Frage der obigen Checkliste nicht weiterkommen, übergehen Sie diese einfach und legen Sie sie zwei, drei Tage beiseite. In dieser Zeit arbeitet Ihr Unterbewusstes unbemerkt an der Lösung der Frage, wie Sie nach dieser Kreativpause erfreut feststellen werden. Wer das Unterbewusste arbeiten lässt, braucht nicht selbst zu arbeiten.

Mit der obigen Checkliste haben Sie einen relativ zuverlässigen Ausblick auf die eigene Zukunft gewonnen. Heißt das, dass diese Zukunft auch eintreffen wird? Das hängt vom dritten und entscheidenden Schritt der strategischen Planung ab: der Zielbildung.

## Die Zielbildung: Träume wahrmachen

Wenn Sie in der obigen Strategie-Checkliste zum Beispiel festgestellt haben, dass für Ihr Reisebüro der Markt der Single- oder Dink-Reisen (double income, no kids) in Zukunft an Bedeutung gewinnen wird und Sie daher Ihre Strategie darauf abstellen wollen, heißt das noch lange nicht, dass Sie diesen Markt auch erschließen werden können. Für eine erfolgreiche Marktbearbeitung benötigen Sie immer drei Dinge:

Markterfolg = Ist-Analyse + strategischer Ausblick + Zielformulierung

Bei den meisten Menschen hapert es an dieser Stelle: Sie haben zwar eine gute Strategie für die Zukunft – doch die Strategie wird nicht realisiert. „Single-Reisen sind mächtig im Kommen! Da wollen wir mitmischen!“ Gute Strategie – und was machen Sie jetzt? Diese Frage beantwortet die Zielbildung. Zielbildung hört sich trivial an. Die wenigsten Menschen wissen jedoch, dass sich dahinter ein Geheimnis des Erfolgs verbirgt.

Eine Studie an einer Gruppe von Harvard-Absolventen zeigte, dass nur drei Prozent von ihnen beim Uni-Abschluss ihre Lebensziele schriftlich formuliert hatten. Nach zwanzig Jahren hielten diese drei Prozent 95 Prozent des Einkommens und des Vermögens der gesamten Gruppe.

So mächtig ist das Instrument der Zielbildung. Das hätten Sie nicht gedacht? Kein Vorwurf, das wissen die wenigsten Menschen.

Zielbildung ist der Turbolader aller Vorhaben.

Menschen mit Zielen sind sehr viel erfolgreicher als Menschen mit „nur“ Wünschen, wie wir gleich sehen werden.

## Formulieren Sie zielsicher

Jeder, der schon mal abnehmen oder mehr für die Gesundheit tun wollte, kennt das Problem: Ob wir unser Ziel erreichen, hängt extrem davon ab, wie wir es formulieren.
Person A sagt: „Ich möchte abnehmen!“
Person B sagt: „Ich werde bis zur Eröffnung der Freibadsaison am 15. Mai fünf Kilo abnehmen.“

Welche Zielformulierung führt eher, sicherer, schneller und einfacher zum Ziel? Rhetorische Frage. Jeder, der schon mal abnehmen musste/wollte, weiß das leider nur zu gut. Aber warum nimmt Person B fast unter Garantie ab, während wir genau wissen, dass Person A höchstwahrscheinlich weiterhin beim Anblick seiner Waage in Spontandepressionen verfallen wird? Der Ursache-Wirkungszusammenhang ist relativ simpel:

> Ob Sie ein Ziel erreichen, hängt stark davon ab, wie Sie es formulieren.

Leider werden 90 Prozent aller Ziele privat und im Business so formuliert, dass ihre Erreichung von vorne herein erschwert, wenn nicht ausgeschlossen wird. Um es brutal zu formulieren:

> Wünsche gehen selten oder nur zufällig in Erfüllung. Ziele gehen fast unter Garantie in Erfüllung.

Person A bleibt weiter zu dick, weil sie lediglich *einen Wunsch* formuliert. Person B dagegen macht in der kommenden Freibad-Saison eine super Figur, weil sie *ein Ziel* formuliert. Was ist der

Unterschied zwischen Wunsch und Ziel? Welche Kriterien muss eine Zielformulierung erfüllen, damit Sie Ihr Ziel erreichen? Es sind fünf: Ziele, die quasi unter Garantie erreicht werden,

1. haben Sogwirkung: Sie sind positiv, nicht negativ formuliert.
2. sind kpv: konkret, präzise und verbindlich formuliert.
3. liegen komplett im Einflussbereich des Zielaspiranten.
4. haben die Folgen auf andere Menschen bereits einkalkuliert.
5. lösen ein gutes Gefühl beim Zielaspiranten aus.

Betrachten wir diese Erfolgskriterien im einzelnen.

## Gute Ziele haben Sogwirkung

„Ich möchte nicht länger so stark von der Zielgruppe der Last-Minute- und Billigbucher abhängig sein!“ Wer möchte das nicht? Aber ist das auch ein Ziel? Nein, das ist ein frommer Wunsch, der, wenn überhaupt, dann nur zufällig in Erfüllung geht. Denn:

Nicht-Ziele entfalten keinerlei Sogwirkung.

Vermeiden Sie bei der Zielformulierung alle Aussagen, in denen Negationen auftauchen wie: nicht, keine, nicht länger, weniger, ... Formulieren Sie generell positiv, zum Beispiel: „Ich möchte mit Studienreisen bei der Zielgruppe $50^+$ Marktführer am Ort werden.“ Na? Das hört sich gleich ganz anders an. Man spürt förmlich die Sogwirkung. Sie nicht auch?

## Gute Ziele sind kpv

Gute Ziele sind konkret, präzise und verbindlich formuliert. Schauen Sie die Zielformulierung von eben nochmals an: „Ich möchte mit Studienreisen bei der Zielgruppe $50^+$ Marktführer am Ort werden.“ Hört sich gut an. Können wir die Wahrscheinlichkeit der Zielerreichung noch steigern? Ja. Wie? Indem wir fragen: Für wie verbindlich halten Sie das Ziel denn? Naja. Sehr verbindlich ist es nicht: „Ich möchte ... “ Das klingt nicht gerade wild entschlossen und hoch motiviert. Wie wäre es mit: „Wir *werden* mit Studienreisen bei der Zielgruppe $50^+$ Marktführer am Ort sein.“ Das hört sich doch einerseits schon verbindlicher, entschlossener an. Worauf sich andererseits sofort die Frage erhebt: Wann wollen wir denn Marktführer sein?

Also machen wir das Ziel etwas konkreter: „In drei Jahren werden wir mit Studienreisen bei der Zielgruppe $50^+$ Marktführer am Ort sein.“ Das klingt schon präziser und damit motivierender. Spüren Sie es? Gleichzeitig erhebt sich die Frage: Welcher Umsatz macht uns denn zum Marktführer? Also präzisieren wird das Ziel: „In drei Jahren, nämlich am 31.12...., werden wir mit Studienreisen bei der Zielgruppe $50^+$ mit einem Umsatz von 2,5 Millionen Euro Marktführer am Ort sein.“ Das klingt allerdings eindrucksvoll, motivierend, energiespendend.

> Wer Ziele unpräzise und unverbindlich formuliert, sagt damit: „Ich bin mir nicht sicher, ob wir das Ziel erreichen.“ Wenn Sie sich schon nicht sicher sind, wie sollen es dann erst Ihre Mitarbeiter sein?

## Gute Ziele sind vollständig beeinflussbar

Das ist doch klar? Eben nicht. Ständig jammern Führungskräfte: „Wenn doch nur die Konjunktur wieder anziehen würde. Wenn die Leute doch bloß ihre Konsumblockade aufgeben würden! Dann würde es uns wieder besser gehen." Wenn ein Privatmann so klagt, ist das verzeihbar. Ein Geschäftsmann dagegen outet sich als kaufmännisch inkompetent. Oder wie schon der Großpapa sagte: „Man klagt nicht über Regen – man nimmt einen Regenschirm mit."

Was können Sie schon für die Konjunktur oder gegen die Kaufzurückhaltung der Kunden tun? Nichts. Also streichen Sie solche Formulierungen aus Ihrem Zielvokabular. Sie machen sich bloß unglücklich damit. Formulieren Sie Ziele stets so, dass diese vollständig in Ihrem Einflussbereich liegen. Die Konjunktur können Sie nicht beeinflussen. Doch Marktführer im Segment $50^+$ zu werden – das können Sie vollständig selbst beeinflussen.

## Gute Ziele berücksichtigen die Folgen für andere

Zum Beispiel für Ihre Mitarbeiter. Denn die wenigsten Mitarbeiter können die Zielgruppe $50^+$ tatsächlich kompetent beraten. Also lautet die erneut verbesserte Zielformulierung: „In drei Jahren, nämlich am 31.12...., werden wir mit Studienreisen bei der Zielgruppe $50^+$ mit einem Umsatz von 2,5 Millionen Euro Marktführer am Ort sein. Dafür werde ich bestens qualifizierte Mitarbeiter haben, die die Motivlage dieser Zielgruppe erkennen und argumentativ optimal darauf eingehen können."

Dieses Ziel ist schon so konkret und präzise und mitreißend formuliert, dass die Realisierung absolut erreichbar erscheint. Man möchte fast sagen: „Also los, packen wir's an! Das kriegen wir doch hin!"

## Gute Ziele lösen ein gutes Gefühl aus

Wenn Sie ein Ziel formuliert haben, stellen Sie sich eine einfache Frage: Was löst dieses Ziel gefühlsmäßig in mir aus? Steckt da Herzblut dahinter? Macht es Spaß, dieses Ziel zu verfolgen? Oder wähle ich das Ziel nur, weil irgend ein Guru das sagt? Weil ich muss, um den Laden nicht zu verlieren? Weil ich nicht schon wieder einer Expedientin kündigen möchte?

Wichtige Ziele, die Sie lediglich aus Verpflichtung, Angst oder Zwang verfolgen, sind von vorne herein zum Scheitern oder zur Hängepartie verurteilt.

Denn Angst, Pflicht oder Zwang können nicht lang genug und nicht gut genug motivieren, um anspruchsvolle Ziele zu erreichen.

Nur strategische Ziele, die ein gutes Gefühl auslösen, erreichen Sie auch.

Was also tun, wenn Ihr strategisches Ziel bislang eher belastende Gefühle bei Ihnen auslöst? Da gibt es einiges:

- ❑ Wählen Sie einfach ein neues Ziel, mit dem Sie Ihre Strategie umsetzen können. Eines, das ein positives Gefühl bei Ihnen auslöst.
- ❑ Oder specken Sie das alte, belastende Ziel ab: Oft demotivieren Ziele nur deshalb, weil sie zu groß, zu ehrgeizig sind.
- ❑ Oder zerlegen Sie das Großziel in viele kleine „Zielhäppchen“. Das reicht meist schon, um ein gutes Gefühl dafür zu bekommen.
- ❑ Versorgen Sie sich mit mehr Kompetenz, Ressourcen oder externer Unterstützung. Wer stärker ist, erreicht auch höhere Ziele.

Am besten, Sie kombinieren mehrere dieser Möglichkeiten miteinander, um das Ziel emotional passend zu machen.

Akzeptieren Sie ein Ziel erst dann, wenn es Ihnen Kraft gibt.

Sonst wird der Weg zum Ziel ein sehr langer, beschwerlicher, wenig erfolgreicher. Und denken Sie daran:

Ein 50%-iges Ziel, das Sie mit 100% Einsatz verfolgen, bringt mehr Erfolg als ein 100%-iges Ziel, das Sie nur mit 50% Einsatz verfolgen.

Wie viele Ziele sollten Sie aus Ihrer Strategie ableiten? Nicht mehr als ungefähr fünf. Bei mehr verlieren Sie schnell den Überblick.

Bitte unterschätzen Sie nicht das Bauchkriterium bei der Zielbildung. Nur strategische Ziele, die der Bauch akzeptiert, erreicht der Kopf auch.

## Begeistern Sie Ihre Mitarbeiter für Ihre Ziele

Mitarbeitern strategische Ziele *vorzugeben*, ist keine kluge Idee: Vorgaben lösen Widerstand aus, wie jeder Vorgesetzte leider nur zu gut weiß. Da hilft es auch nicht, über die angebliche Passivität der Mitarbeiter zu klagen. Besser ist:

Begeistern Sie Ihre Mitarbeiter so für die strategischen Ziele, wie Sie sich dafür begeistert haben.

Da Sie Ihre Ziele so lange umformuliert haben, bis diese positive Gefühle bei Ihnen auslösen, dürfte Ihnen das nicht schwer fallen.

Es fällt nur dann schwer, Mitarbeiter für gemeinsame Ziele zu begeistern, wenn der Chef selbst nicht begeistert dafür ist.

Die Mitarbeiter müssten doch eigentlich wissen, was der Vorgesetzte von ihnen erwartet? Diesen Einwand erheben Führungskräfte manchmal. Leider sagt das Ergebnis einer Gallup-Studie:

69% der Mitarbeiter wissen nicht wirklich, nicht kpv (s.o.), was der Chef tatsächlich von ihnen erwartet.

Warum nicht? Weil der Chef viel zu selten seine Ziele kommuniziert. Und wenn, dann nicht nach den fünf obigen Zielkriterien. Übrigens: Die Gallup-Studie ergab auch, dass 72% der Mitarbeiter sich im Unternehmen nicht als Menschen wahrgenommen fühlten. Doch das ist eine andere Frage ...

## Strategie gut, alles gut

Gehen Sie öfters mal auf den Feldherrn-Hügel. Am Anfang am besten jedes Quartal einmal. Später, wenn Sie ein wenig Routine darin haben, reicht es einmal im Jahr.

Hüten Sie sich vor Perfektionismus!

Vor allem am Anfang Ihres strategischen Managements sind unperfekte Strategien und Zielformulierungen besser als gar keine: Wenn Sie nichts haben, können Sie auch nichts verbessern.

# 3 Ihre Markting-Planung

## *Planung: der Schlüssel zum Erfolg*

### Juckt's in den Fingern?

Hat es Sie gegen Ende des vorigen Kapitels in den Fingern gejuckt? Wenn ich in Beratungen oder Coachings mit Reisebüro-Inhabern oder Agenturleitern an deren Strategien arbeite, dann üben vor allem gut formulierte Ziele eine so große Sogwirkung aus, dass die meisten am liebsten sofort loslegen möchten. Sie können es kaum erwarten, ihre Strategie in die Realität umzusetzen, ihre Träume wahr werden zu lassen, ihre lang ersehnten Ziele zu erreichen.

Wenn es Ihnen nicht so geht, wenn es keinen Deut gejuckt oder geprickelt hat, dann haben Sie soeben den ersten echten Test Ihrer Strategiebildung absolviert: Ihre Strategie taugt nicht. Wer sagt das? Sie. Genauer: Ihr Gefühl. Wenn Sie kein gutes Gefühl dabei haben, wenn Ihnen nicht die Finger dabei jucken, sind Ihre strategischen Ziele auch nicht gut. Der Bauch täuscht sich nicht.

| Eine Strategie, die Sie nicht motiviert, ist nichts wert. |
|---|

Schlimmer. Sie behindert Sie. Am besten gehen Sie kurz zu Kapitel 2 zurück und modifizieren im Abschnitt „Gute Ziele lösen ein gutes Gefühl aus" Ihre Ziele, bis sich das motivierende Gefühl einstellt. Das macht zwar etwas Aufwand. Doch was wollen Sie mit Zielen, die Sie nicht motivieren?

## Die nächste Aktionismus-Attacke abwehren

Was macht eine motivierende Strategie? Eben das: motivieren. In der Regel so stark, dass direkt nach der Strategiebildung Touristik-Führungskräfte wie die Rennpferde mit den Hufen scharren und drängen: „Ich würde am liebsten gleich loslegen!“ Warum auch nicht? Was schwebt Ihnen als erste Sofortmaßnahme vor? Aha. Sind Sie sicher, dass ausgerechnet das die *erste* Maßnahme sein soll? Oder sollten Sie nicht lieber doch mit etwas anderem anfangen?

Wer nach der Strategiebildung sofort loslegt, begeht exakt den Fehler, den er eigentlich mit der Strategiebildung vermeiden wollte: den hektischen Aktionismus.

Was ist die beste Maßnahme, um Ihre strategischen Ziele zu erreichen? Was führt am schnellsten zum Erfolg? Welche Maßnahme würde Ihnen am meisten Spaß machen? Fragen über Fragen. Und alle haben – wie praktisch – nur eine Antwort. Diese heißt in einem Wort: Marketing-Planung.

Das Bindeglied zwischen Strategie und Erfolg ist die Planung.

Keine Bange. Unter Planung verstehen Praktiker wie Sie und ich keine staubtrockenen Sandkastenspiele oder Excel-Exzesse. Weil zu viele hoch bezahlte Manager Planung unnötig verkompliziert haben, hat das Image der Planung in den letzten Jahren etwas gelitten. Dabei ist die Planung für Praktiker herzlich einfach:

Planung heißt schlicht: Was sind die besten Maßnahmen, um meine Ziele zu erreichen?

## Planung muss Spaß machen

Wenn Ihnen Planung bislang wenig Spaß machte, liegt das nicht an der Planung, sondern an Ihrem Handwerkszeug:

> Mit dem richtigen Handwerkszeug macht Planung richtig Spaß. Tut sie das nicht, ist es auch nicht das richtige Handwerkszeug für Sie.

Womit Sie planen, hängt ausschließlich von Ihren Vorlieben und Neigungen ab.

> Das Planungsinstrument muss zum Planer passen – nicht umgekehrt!

Also lassen Sie sich um Himmels willen bloß keine „moderne" oder „effiziente" Planungsmethode aufschwatzen, wenn sie Ihnen nicht schmeckt. Ein handgestricktes Planungsinstrument, mit dem Sie gut und gerne planen, ist allemal besser als ein „professionelles" Planungstool, mit dem Sie nur ungern, selten und bruchstückhaft planen, weil Sie nicht damit zurecht kommen.

> Es kommt nicht so sehr darauf an, womit Sie planen, sondern *dass* Sie planen.

Nur zur Erinnerung: Studien zeigen immer wieder, dass Führungskräfte, die (schriftlich!) planen, um ein Vielfaches erfolgreicher sind als Kolleginnen und Kollegen, die „aus dem Bauch heraus" managen. Vor allem: Planvoll vorgehende Führungskräfte können die Existenz ihres Betriebs besser und länger sichern als hektische Aktionisten.

## Das richtige Handwerkszeug

Womit planen Sie am liebsten? Die meisten Führungskräfte planen am liebsten mit

A) Zettel und Bleistift

oder

B) Word-Gliederung

oder

C) Mindmap

Betrachten wir die einzelnen Planungstools. Beginnen wir mit der Mindmap, weil die Technik so hübsche Bildchen produziert.

## Planen mit der Mindmap

Für eine Mindmap können Sie natürlich auch eine Software einsetzen. Es gibt einige im Angebot, auch recht preisgünstige (googeln Sie mal). Doch den ersten Entwurf einer Mindmap sollte man immer von Hand skizzieren, weil das Hin- und Herschieben, das Löschen, Hinzufügen und Modifizieren Ihrer geplanten Maßnahmen von Hand schneller und bequemer geht. Von Hand heißt: entweder mit Kärtchen oder mit Stift auf einem Flipchart oder Packpapier.

Auf der folgenden Grafik sehen Sie zum Beispiel die Mindmap eines Reisebüroleiters in einer deutschen Kleinstadt. Er heißt Ingo Schmitt und er plant damit sein strategisches Ziel: „Bis Ende nächsten Jahres sind wir ‚Platzhirsch‘ bei den Studienreisen!“

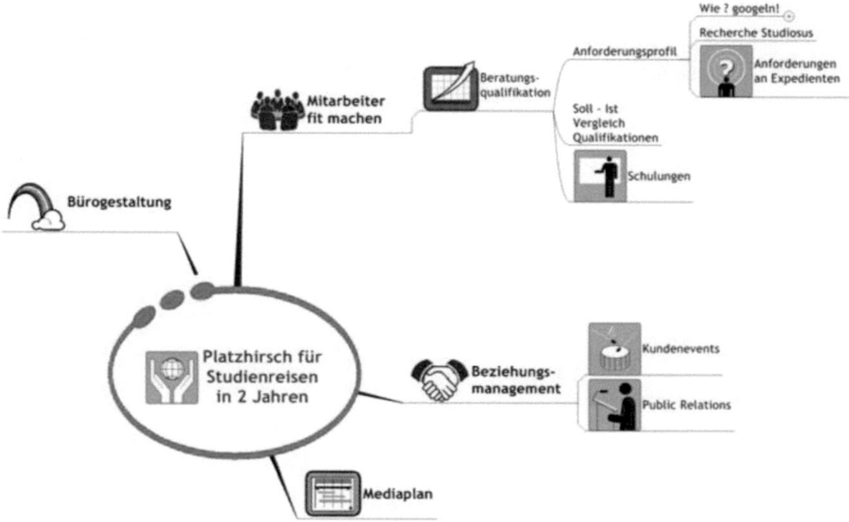


Natürlich erschrickt man erst mal, wenn man so eine Mindmap sieht. Sie auch? Alles halb so wild: Wenn Sie selber eine Mindmap aufstellen, erschrecken Sie natürlich nicht über deren augenscheinliche Komplexität, weil die Materie Ihnen bestens vertraut ist. Im Gegenteil: Mit jedem Eintrag in die Mindmap werden Sie Ihren Weg zum Geschäftserfolg deutlicher, übersichtlicher und klarer vor Augen sehen.

**Eine gute Planung verschafft den vollen Durchblick.**

Denken Sie an den Feldherrn, der von seinem Feldherrnhügel herab seine Kohorten fein säuberlich in Reih und Glied aufstellen kann: Diese Ordnung der eigenen Ressourcen gibt Kraft und innere Ruhe. Oder stellen Sie sich eine Choreographin vor, die ihr Staatsballett choreographiert: Wenn alle wissen, welche Figuren sie wo mit wem tanzen müssen, ist die Harmonie perfekt, für die ein gutes Ballett berühmt ist.

Planung heißt: Choreographieren Sie Ihren Geschäftserfolg! Stellen Sie Ihre Kohorten auf!

## Die Wie-Planung

Womit fängt man bei der Planung an? Wie kam Ingo Schmitt zu seiner hübschen Mindmap? Mit einer simplen Frage:

Der erste Schritt jeder Marketing-Planung ist immer die Frage: Wie kommen Sie zum Ziel?

Deshalb heißt dieser Teil der Marketing-Planung auch Wie-Planung. Welche Maßnahmen bringen Sie zu Ihrem Ziel? Schreiben Sie in Ihre Mindmap alle Maßnahmen, mit denen Sie Ihr konkretes strategisches Ziel erreichen wollen. In der Mindmap von Ingo Schmitt (s.o.) sind das alle jene Einträge, die direkt um das zentrale Oval herum stehen: Mitarbeiter fitmachen, Bürogestaltung, Mediaplan, ...

Was-Planung: Was wollen wir erreichen? Unsere Marketing-Ziele.
Wie-Planung: Wie wollen wir das erreichen? Mit passenden Maßnahmen.

## Wie plant man überhaupt?

Unser Bildungssystem ist inzwischen derart geschädigt, dass ein Mensch selbst nach Abitur und Uni-Diplom keinerlei Ahnung von, oder Erfahrung mit Planung hat. So etwas Praktisches lernt man/frau an unseren Schulen leider nur in Ausnahmefällen. Dabei ist Planung wirklich kinderleicht. Begleiten wir Reisebüroleiter

Ingo Schmitt, der spätestens Ende nächsten Jahres „Platzhirsch“ in seiner Stadt bei den Studienreisen sein möchte. Er ist eines der seltenen Exemplare von Führungskräften, die simultan planen: per Mindmap, „wegen des grafischen Überblicks“ und gleichzeitig per Word-Gliederung. Diese Word-Funktion aktivieren Sie, indem Sie im Pull-down-Menü „Format“ die Option „Numerierung und Aufzählungen“ und danach die Option „Gliederung“ anklicken.

Schauen wir Ingo Schmitt beim Planen über die Schulter. Wenn Ingo Schmitt sein Platzhirsch-Ziel betrachtet, fallen ihm als Maßnahmen ein:

1. Mitarbeiter für das Ziel fit machen
2. Bürogestaltung auf Zielgruppe abstimmen
3. Mediaplanung: Anzeigen etc.
4. Beziehungsmanagement: Kundenevents, PR

Als erstes möchte Kollege Schmitt sich um die Fitness seiner Mitarbeiter kümmern. Denn bislang sind nur wenige seiner ExpedientInnen echte Experten für Studienreisen. Ingo Schmitt fühlt sich gut dabei: Er wollte schon immer fittere Mitarbeiter. Kriegt er diese jetzt? Er meint: „Noch nicht. Das ist noch zu schwammig formuliert. Was heißt denn fitmachen konkret?“ Also konkretisiert er seine Wie-Planung:

1. Mitarbeiter für das Ziel fit machen
    1.1. Beratungsqualifikation im Bereich Studienreisen steigern

Kann er morgen damit loslegen? „Nö“, meint er, „ich sollte mir zuerst einmal Gedanken machen, welche Qualifikationen meine Mitarbeiter für das Ziel brauchen.“ Danach möchte er dieses ideale Anforderungsprofil mit der real vorhandenen Qualifikation seiner MitarbeiterInnen vergleichen und ermitteln, wo noch Differenzen zwischen Soll und Ist bestehen. Also notiert er:

1.Mitarbeiter für das Ziel fit machen

    1.1. Beratungsqualifikation im Bereich Studienreisen steigern

        1.1.1. Anforderungsprofil für ExpedientInnen erstellen

        1.1.2. Soll-Ist-Vergleich: Welche Qualifikationen fehlen noch?

Als Ingo Schmitt seine Planung anschaut, kommen ihm Zweifel: „Ich weiß nicht so genau, wie man überhaupt ein Anforderungsprofil aufstellt.“ Das ist das Wunderbare, wenn Sie mit Word oder Mindmap planen: Sie können solche Planergänzungen einfach und problemlos nachträglich hinzufügen. Ingo Schmitt ergänzt:

1. Mitarbeiter für das Ziel fit machen

    1.1. Beratungsqualifikation im Bereich Studienreisen steigern

        1.1.1. Anforderungsprofil

            1.1.1.1. Googeln: Wie erstellt man Anforderungsprofile?

            1.1.1.2. Mit einem Reiseleiter von „Studiosus“ reden: Was macht gute Beratung bei Studienreisen aus?

            1.1.1.3. Profil für meine ExpedientInnen erstellen

        1.1.2. Soll-Ist-Vergleich: Welche Qualifikationen fehlen noch?

Wem die Gliederungsweise mit Zahlen zu unübersichtlich erscheint, der kann auch Symbole benutzen. Im Grunde ist es herzlich egal, wie Sie gliedern: Hauptsache, Sie persönlich finden die gewählte Art der Darstellung übersichtlich. Jeder Manager sollte nur jene Instrumente benutzen, die auch zu ihm passen.

# *Die MPT- Methode*

## Mit Papier und Bleistift planen

Viele gestandene Tourismus-Führungskräfte finden die Planung per Word-Gliederung etwas umständlich. Sie machen es lieber nach alter Väter Sitte ganz bequem und einfach mit Stift und Zettel. Das geht? So einfach darf man planen? Ist das nicht unprofessionell? Das versuchen Ihnen vielleicht jene Berater einzureden, die teure Planungssysteme verkaufen wollen. Merken Sie sich:

> Wenn die Ägypter ihre Pyramiden mit Papyrus und Stift planen konnten, dann kann die Methode nicht schlecht sein.

Bei der Planung kommt es schließlich nicht auf die Methode, sondern auf das Ergebnis an. Und die Planung mit Blei und Papier liefert exzellente Ergebnisse. Exakt dieselben Ergebnisse, die Mindmap und Word-Gliederung auch liefern. Für die Planung mit Bleistift und Papier gibt es sogar ein passendes Formular: die Maßnahmenpaket-Tabelle, kurz MPT.

## Formular: Die MPT

| **Maßnahmenpaket:** | | | | |
|---|---|---|---|---|
| **Marketing-Ziel:** | | | | |
| **1** | **2** | **3** | **4** | **5** |
| *Wie errei-che ich das Ziel?* | *Wie mache ich das?* | *Wie mache ich das?* | *Wie mache ich das?* | *Wann ma-che ich das?* |
| | | | | |
| | | | | |
| | | | | |

Dieses Formular habe ich Ihnen unter unter www.countertalk.de (download) zum kostenlosen herunterladen bereit gestellt..
Damit Sie wissen, wie die MPT ausgefüllt wird, betrachten wir Ingo Schmitts MPT anhand seiner ersten Maßnahme:

| **Maßnahmenpaket: Platzhirsch** | | | | |
|---|---|---|---|---|
| **Marketing-Ziel: Bis Ende nächsten Jahres sind wir ‚Platz-hirsch' bei den Studienreisen!** | | | | |
| **1** | **2** | **3** | **4** | **5** |
| *Wie errei-che ich das Ziel?* | *Wie mache ich das?* | *Wie mache ich das?* | *Wie mache ich das?* | *Wann ma-che ich das?* |
| Mitarbeiter fitmachen | Beratungs-qualität steigern | mit einem Anforde-rungsprofil | Googeln: Wie erstellt man Profil? | 21.6. |
| | | | Mit Reise-leiter reden | 24.6. |
| | | | Profil erstellen | 26.6. |
| | | Soll-Ist-Vgl.: Was fehlt noch? | | 26.6. |

## Tipps zur MPT

- Wenn Sie die MPT von Hand zeichnen: Ziehen Sie einfach vier vertikale Striche auf ein Blatt Papier. Das ergibt fünf Spalten.
- Lassen Sie zwischen den Einträgen in der ersten, ganz linken Spalte nach unten jede Menge Platz, weil in den Spalten 2 bis 3 oft viele Maßnahmen folgen.
- Für eine besonders hohe Übersichtlichkeit empfiehlt es sich, ein DIN A4-Blatt quer zu nehmen und jeder Maßnahme in Spalte 1 eine halbe Seite Platz nach unten zu geben.
- Sie können die Tabelle auch mit Word aufstellen. Viele Manager finden die Tabelle einfacher zu handhaben als die Word-Gliederungsfunktion.
- Sie müssen nicht immer alle Spalten füllen. Oft können Sie schon nach Spalte 1 sofort in Spalte 5 springen, weil die Maßnahme ohne weitere Planung umgesetzt werden kann.

Probieren Sie's einfach mal aus. Probieren geht über Studieren. Es ist wirklich kinderleicht.

## Wann ist es gut mit der Planung?

Wie weit müssen Sie planen? Auch dafür gibt es zwei einfache Kriterien:

Ihre Wie-Planung ist dann beendet, wenn Sie
A) nach dem letzten Planungsschritt sofort loslegen könnten
B) nur noch fragen müssen: Und wann mache ich das jetzt?

Was uns zu folgender Walzer-Planung bringt:

Planung im Dreischritt:
1) Was-Planung: Was wollen wir erreichen? Das heißt, welche Ziele?
2) Wie-Planung: Wie wollen wir sie erreichen? Mit welchen Maßnahmen?
3) Wann-Planung: Wann realisieren wir die Maßnahmen?

Nach dem Planungsschritt „1.1.1 Anforderungsprofil erstellen" kann Ingo Schmitt zum Beispiel seine Wie-Planung nicht beenden, weil er schlicht zu wenig Ahnung davon hat, wie man ein Anforderungsprofil professionell aufstellt. Er muss zuerst googeln. Also stellt er diese Maßnahme in seine Maßnahmen-Planung ein. Erst dann könnte er tatsächlich loslegen. Erst dann ist seine Planung also in diesem Punkt beendet.

# *Planung für Fortgeschrittene*

## Priorisierung und Interdependenzen

Betrachten Sie nochmals die Mindmap von Ingo Schmitt. Was fällt Ihnen auf, wenn Sie die einzelnen übergeordneten Maßnahmen wie „Bürogestaltung" oder „Zielgruppenanalyse" betrachten? Es fällt auf, dass es vor- und nachrangige Maßnahmen gibt. Und dass viele Maßnahmen in einer zeitlichen Beziehung zueinander stehen, zum Beispiel: Wenn Ingo Schmitt seine Mitarbeiter tatsächlich fit für seine Studienreisen-Kunden machen möchte, muss er zunächst einmal wissen, welche Motive, Wünsche, Interessen, Preisvorstellungen und häufigsten Einwände seine Zielgruppe hat! Sonst kann er seine Mitarbeiter nicht darin schulen, wie sie besser beraten können.

Priorisieren Sie Ihre strategischen Maßnahmen.

Auch hieran erkennen wir die großen Vorteile einer guten Planung: Der im Tourismus-Alltag vorherrschende hektische Aktionismus zeichnet sich doch gerade dadurch aus, dass man

- oft den zweiten Schritt vor dem ersten tut
- nachrangige vor vorrangigen Maßnahmen beginnt
- danach für die vorrangigen Maßnahmen keine Zeit mehr hat
- folgerichtig nicht versteht, warum man so viel arbeitet und so wenig erreicht
- Dinge anpackt, ohne die Vorarbeit dafür geleistet zu haben
- in Folge dessen unter anhaltender Erfolgsarmut leidet
- irgendwann den Kopf hängen lässt.

Wer seine Wie-Planung priorisiert, vermeidet alle diese Missstände, weil er auf einen Blick sieht, was die wichtigste Maßnahme ist, die zweitwichtigste, die drittwichtigste, ...

## Allzu viel ist ungesund

Schauen Sie nochmals auf Ingo Schmitts Mindmap: Schön übersichtlich, nicht? Genau so sollte es auch sein. Ist es jedoch in der Praxis häufig nicht. Viele Führungskräfte in der Touristik

1. überladen ihre Wie-Planung hoffnungslos. Vor allem, wenn sie mit Gliederungsfunktion planen: Bei einer Endlosliste bemerkt man es nicht so schnell, wenn man schlicht zu viele Maßnahmen aufgelistet hat. Da ist die Mindmap übersichtlicher.

2. planen zu wenige Maßnahmen ein. Strategische Ziele werden jedoch nur dann erreicht, wenn man möglichst alles tut, was man tun kann.

Der goldene Mittelweg gilt auch bei der Wie-Planung: Nicht zu viel, aber auch nicht zu wenig.

Auch dabei hilft die Priorisierung: Wenn Sie in extremer Zeitnot sind, sollten Sie sich auf das Wichtigste konzentrieren. Betrachten wir eine ABC-Priorisierung anhand des Beispiels von Ingo Schmitt.

## ABC-Priorisierung

Obwohl der Laden nicht so toll läuft, wie Ingo Schmitt sich das wünscht, ist er jeden Tag „voll am Rackern", wie er sagt. Also hat er eigentlich, realistisch betrachtet nicht wirklich die Zeit, die er bräuchte, um seine Maßnahmen-Planung durchzuziehen. Weniger erfahrene Kollegen würden deshalb den Plan komplett in den Reißwolf schieben. Ingo Schmitt dagegen ABC-priorisiert seine Maßnahmen:
A wie absolut notwendig: Zielgruppenanalyse, Produktauswahl, Beziehungsmanagement, Mitarbeiterqualifizierung
B wie „bei ausreichender Zeit": Bürogestaltung, Mediaplan
C wie chic, aber nicht vorrangig: PR, Events
Da hätten Sie aber ganz anders priorisiert? Absolut. Events sind doch viel zu publikumswirksam und werbeträchtig, um sie als C zu kategorisieren! Mag sein, doch für den Plan von Ingo Schmitt ist es eben wichtig, dass er Ingo Schmitt gefällt – und nicht Ihnen. Umgekehrt gilt:

Ein nicht ganz expertensicherer Plan, hinter dem Sie hundertprozentig stehen (weil es Ihrer ist), führt Sie hundertmal eher, leichter, stressärmer und wahrscheinlicher an Ihr strategisches Ziel als ein hundertprozent expertensicherer Plan, den Sie nur halbherzig umsetzen.

## Schon morgen überholt

„Was soll ich groß planen? Jede Planung kann doch morgen bereits überholt sein!" Das stimmt. Schon General Eisenhower sagte: „Es gibt keinen Plan, der das Zusammentreffen mit dem Feind überlebt hätte!" Trotzdem hat Eisenhower einen Weltkrieg gewonnen. Weil er alle Planung aufgegeben hat, da sie morgen sowieso schon überholt sein wird? Im Gegenteil. Eisenhower war ein sehr intelligenter Mensch. Er hat verstanden, wie Planung und Wandel zusammenhängen. Deshalb sagte er auch: „Planung ist alles – der Plan ist nichts."

Was soll das heißen? Es bedeutet: Wenn Sie auf Planung verzichten, nur weil die Welt sich weiterdreht, können Sie genau so gut Ihre Armbanduhr wegwerfen, in der Hoffnung, damit die Zeit anzuhalten. Das haut nicht wirklich hin. Will heißen: Wenn die Welt sich wandelt, sollen Sie nicht die Planung aufgeben, sondern sie an die sich wandelnde Welt anpassen.

Wenn Sie Ihre Planung der sich weiterdrehenden Welt immer dann anpassen, wenn sich die Welt weitergedreht, der alte Plan sich überlebt hat, sind Sie immer up to date. Das heißt:

Ein toter Plan ist kein guter Plan. Betrachten Sie Ihren Wie-Plan jede Woche einmal – und ändern Sie ihn immer dann, wenn das nötig wird. Pläne müssen einerseits Ordnung schaffen, andererseits flexibel bleiben.

Der Vorteil eines strategischen Maßnahmenplans liegt gerade darin, dass Sie

- während der Planumsetzung immer wieder ganz tolle Ideen haben werden, wie Sie Ihr Ziel noch besser, schneller und einfacher erreichen können – also muss die Idee doch wohl auf den Plan!
- mit jeder neuen Idee Ihren Plan schlagkräftiger und das Erreichen Ihres Ziels wahrscheinlicher machen.
- flankierende Maßnahmen einplanen können, um laufende Maßnahmen noch effektiver zu machen.

## Wer soll das bezahlen?

Umsonst ist der Tod, sagt das Sprichwort. Jeder Maßnahmenplan hat auch eine Kostendimension. Wenn Sie mit Mindmap planen, schreiben Sie zu jeder Maßnahme die geschätzten direkten Kosten dazu. Wenn Sie mit Gliederungsfunktion planen, schreiben Sie die Kosten vor die jeweilige Maßnahme und addieren Sie von oben nach unten: Was kommt als Summe dabei heraus? Zu viel? Dann planen Sie einfach weiter.

> Wenn man keinen Plan hat, fällt es sehr schwer, die Kosten zu senken.

Weil man buchstäblich keinen Plan, keine Übersicht hat. Mit Plan fällt es Ingo Schmitt dagegen leicht, kostenträchtige durch kostengünstige Maßnahmen zu ersetzen. Weil das Geld für Mitarbeiter-Trainings fehlt, hat er eine Coaching-Reihe gebucht, damit wenigstens er selbst danach seine Mitarbeiter schulen kann.

# *Planer haben mehr vom Leben*

## Was haben Sie davon?

Wenn ich mit Führungskräften über Planung rede, laufen die Reaktionen meist unisono ab: Erst wundert und schämt man sich ein wenig, dass man jetzt schon so lange im Geschäft ist und „im Grunde nirgendwo gelernt hat, wie man professionell plant“. Dann wundert man sich darüber, dass „professionelle Planung so einfach ist. Mit der Gliederungsfunktion von Word habe ich doch schon so oft gearbeitet! Ich wusste gar nicht, dass das ein so tolles Planungsinstrument ist!“ Tja, das wissen noch nicht mal die meisten hochbezahlten Planungsstäbe.

Wenn Führungskräfte dann mit der Wie-Planung planen, hören sich die Erfolgserlebnisse sehr eindrucksvoll an. Ein Agenturinhaber erzählt: „Meine Steuererklärung schiebe ich jedes Jahr wochenlang vor mir her. Das quält immer so! Dieses Jahr habe ich die Sache anders angepackt. Ich habe einfach die Leitfrage der Wie-Planung gestellt: Was muss ich dafür tun? Ich habe dann aufgelistet: alle Belege einsammeln, eine Stunde mit dem Steuerberater reden, einige Zusatztabellen aufstellen. In dem Moment, in dem ich die Liste erarbeitet hatte, sah ich, dass das gar nicht so viel ist, wie ich immer glaube! Ich habe sofort damit angefangen und war binnen einer Woche fertig. So schnell hatte ich das noch nie erledigt!"

> Eine gute Wie-Planung entwickelt wie gute Ziele eine mächtige Sogwirkung. Je übersichtlicher ein Vorhaben geplant wird, desto motivierter werden Sie es anpacken und desto höher ist die Erfolgswahrscheinlichkeit.

Den umgekehrten Fall kennen wir alle nur zu gut: Wenn eine Sache nicht vernünftig geplant ist, läuft sie schnell aus dem Ruder, bereitet Stress und bringt unbefriedigende Ergebnisse. Manche Menschen meinen resigniert: „So ist das Business eben!“ Nein, so ist schlechte Planung eben. Erfolg ist auch Planungssache. Nur zur Erinnerung: Das Rennen zum Mond haben die Amerikaner gewonnen, obwohl die Russen mit ihrem Sputnik einen kaum mehr einzuholenden Vorsprung hatten. Warum gewannen die Amis trotzdem? Nicht wegen ihrer technischen Überlegenheit – denn technisch überlegen waren damals die Russen. Die Amis gewannen, weil ihre Planung überlegen war: Der erste Mondflug wurde mit der CPM geplant, der Critical Path Method – eine überlegene Planungstechnik. Lance Armstrong gewann ein halbes Dutzend mal die Tour de France, weil er seine Vorbereitung, die Etappen und deren Versorgung minutiös plante. Das „ewige Talent“ Jan Ullrich ist eher bekannt dafür, dass er lieber munter drauflos fährt.

Planung ist einer der am meisten unterschätzten Erfolgsfaktoren im Business.

## Der Tod der Spontaneität?

Manche Menschen wenden ein: „Ich mag Planung nicht. Ich möchte mich nicht in ein Korsett stecken lassen. Wo bleibt denn da die Spontaneität?“ Was ist dran an diesem Einwand? Das erkennen wir recht schnell, wenn wir einmal darauf achten, *wer* die Einwände erhebt:

1. Menschen, die kein etabliertes Planungsinstrument wie zum Beispiel die Wie-Planung beherrschen.
2. Menschen, die bewährte Planungs-Tools falsch angewendet haben und schlussfolgern, es liege am Instrument – nicht an der Anwendung.

3. Menschen, die sich mit viel zu komplexen, teuren oder modischen Planungstechniken fast einen Infarkt geplant haben und nun meinen, Planung an sich sei Quatsch – anstatt das unnütze Planungsinstrument in die Tonne zu kicken.

Wenn Sie dagegen mit Menschen sprechen, die ein einfaches Planungsinstrument beherrschen, werden diese ihrerseits nicht verstehen können, wie ein gesunder Mensch den Nutzen der Planung bezweifeln kann. Vor allem wird Ihnen jeder Planungspraktiker bestätigen: Die Spontaneität wird durch eine kompakte Planung nicht gemindert oder behindert, sondern sogar gefördert: Wie Sie oben bei Ingo Schmitt gesehen haben, hat dieser seine Eingebung, erst mal mit einem Studiosus-Reiseleiter zu sprechen „ganz spontan" in seine vorhandene Planung eingefügt. Vor allem:

Was nützt Ihnen die ganze Spontaneität, wenn Ihre spontane Idee mangels Planung ausgeht wie das Hornberger Schießen?

Spontaneität und Planung ergänzen sich. Wer das erkennt, hat mehr Erfolg im Leben. Und mehr Glück.

## Planung macht glücklich

Ist das nicht ein wenig übertrieben? Wie kann ein kaufmännisches Instrument Sie auch persönlich glücklicher und zufriedener machen? Ganz einfach:

Jede Management-Technik ist zugleich eine Self-Management-Technik – und umgekehrt.

Wenn die Marketing-Planung nach wenigen Wochen Eingewöhnungszeit funktioniert, melden mir Touristik-Führungskräfte immer wieder zurück:

„Ist schon ein tolles Gefühl, den Laden so gut im Griff zu haben.“ „Wenn ich auf meinen Marketing-Plan schaue, habe ich den vollen Überblick.“ „Viel zu oft gehe ich abends heim und denke: ‚Wieder tausend Dinge gleichzeitig getan, aber nichts wirklich bewegt!‘ Wenn ich dagegen die einzelnen Aufgaben meiner Wie-Planung bearbeite, kann ich mir immer wieder sagen: Schon wieder sind wir einen Schritt näher an unser strategisches Ziel gelangt! Da weiß man doch abends, was man tagsüber gestemmt hat!“

## Coaching gefällig?

Manchmal bleibt man bei der Strategiebildung oder bei der Wie-Planung hängen. Vor allem, wenn man beides noch nie gemacht hat und im Getöse der operativen Hektik keinen klaren Gedanken fassen kann. Manchmal braucht man eben Anschubhilfe, bis der Wagen läuft. Sie kennen das? Dann gönnen Sie sich diese Anschubhilfe. Viele Führungskräfte wenden ein: „Aber ich habe doch keine Zeit für ein Seminar!“ Gut, dass Sie so etwas nie sagen. Denn für Führungskräfte ist die Anschubhilfe der Wahl seit mehr als 20 Jahren nicht mehr das Seminar, sondern das Coaching.

Meist ist nach ein, zwei Coachingsitzungen nicht nur die akute Blockade beseitigt, sondern auch die Anlaufprobleme bei Strategiebildung und Marketing-Planung überwunden und große Teile der Strategiebildung und Maßnahmenplanung bereits erarbeitet.

# 4 Aktionen für Ihren Markterfolg

## Nicht nachmachen!

Im Laufe von Marketing-Workshops fragen mich Teilnehmer oft: „Herr Wölkner, Sie kommen doch bei so vielen Reisebüros herum – haben Sie für uns nicht ein paar tolle Aktionen, die super eingeschlagen haben?“ Selbstverständlich habe ich eine Menge davon. Doch inzwischen verrate ich sie nicht mehr. Warum?

Wenn es eine garantierte Marketing-Misserfolgsstrategie gibt, dann diese: Abkupfern.

Jedesmal, wenn ich eine Aktion verrate, die einem Reisebüro durchschlagenden Erfolg brachte, ist die Floppquote bei den Nachmachern prohibitiv hoch.

Was abgekupfert wird, floppt.

Was beim einen Reisebüro funktioniert, funktioniert beim anderen mit an Sicherheit grenzender Wahrscheinlichkeit nicht oder schlechter als eine eigene Aktion.

## Warum floppen Aktionen?

Für Sie werde ich meinem Schwur untreu. Ich verrate Ihnen eine Erfolgsaktion: Ein Reisebüro in Mitteldeutschland schrieb jene seiner Stammkunden an, die Golf spielen (übrigens: Stehen die Hobbys Ihrer Stammkunden in Ihrer Kundendatei?). Überschrift des Mailings:

„Ein Golfball für 999,- Euro!“

Wie? Was? Es gibt so teure Golfbälle? Tenor des Mailingtextes: „Kaufen Sie bei uns einen Golfball für 999,- Euro – die Golfreise zum schönsten Golfplatz Asiens bekommen Sie gratis dazu!" Pfiffig, nicht wahr? Die Aktion schlug bombastisch ein. Das Reisebüro konnte sich kaum vor der Buchungsflut retten. Ich war von der Aktion damals so begeistert, dass ich sie unvorsichtigerweise auf einem Workshop ausplauderte. Prompt kopierte sie ein Reisebüro mit dem Slogan: „Sandschaufel für 999,- Euro".

Das berührt Sie kaum? So ging es auch der Zielgruppe: Familien mit Kindern. Die sprangen auf den Spruch überhaupt nicht an. Vor allem deshalb nicht, weil er haarscharf an den Reisemotiven von Familien mit Kindern vorbei ging. Zur gleichen Zeit lief eine Aktion eines anderen Reisebüros in der selben Stadt für dieselbe Zielgruppe; Slogan: „Ihre Kinder toben, lärmen und spielen – und Sie merken nichts davon." Kernargument dieser Familienreise war die professionelle Kinderbetreuung durch geprüfte Kinderpädagoginnen rund um die Uhr im Urlaubshotel. Die Botschaft: Urlaub mit den lieben Kleinen – und sich trotzdem gut erholen und was erleben dabei! Es ist klar, dass diese Botschaft ankam. Daher: Abkupfern lohnt sich nicht.

## Das Zauberwort: Zielgruppenkongruenz

Warum lohnt sich Abkupfern nicht? Weil beim Abkupfern genau das fehlt, was eine Aktion erfolgreich macht:

> Eine Aktion wird nicht durch Abkupfern erfolgreich, sondern durch Zielgruppenkongruenz.

Das heißt: Je besser eine Aktion auf die Motivlage einer definierten Zielgruppe passt, desto erfolgreicher ist sie. Diese entscheidende Anpassung an die Kundschaft erfolgt in der Aktionsplanung.

Aktionsplanung, nicht Abkupfern bringt den Erfolg.

Machen wir uns die Sache so leicht und so bequem wie möglich: Bereiten wir jede Aktion mit einem handlichen Formular vor.

## Das Aktionsformular

| Produkt/Thema: |
|---|
| Was genau wollen wir damit erreichen:<br>kpv (konkret, präzise verbindlich) und messbar |
| Zielgruppe:<br>Alter<br><br>Geschlecht:<br><br>Familienstand<br><br>Reisemotive<br><br>Berufliches Umfeld<br><br>Sonstiges Freizeitverhalten<br>(Sport- Kultur- ...- Interessen, Vereine, Lesegewohnheiten, Ausgehgewohnheiten, Fortbildungen...)<br><br>Sonstige Merkmale der Zielgruppe |

| **Meine Werbeaktivitäten:**<br><br>Welche Anzeigen wofür (Angebot) (Reisemotiv)?<br><br>Welche Handzettel wofür und wo ?<br><br>Welche Schaufenstergestaltung ?<br><br>Welche anderen Werbemittel? Seite xx | **Wer** | **Wann** | **wie viel** | **€** |
|---|---|---|---|---|
| Welche Direkt-Marketingaktivitäten?<br>Selektionskriterien , einstufig / mehrstufig... | **Wer** | **Wann** | **wie viel** | **€** |
| Welche Nachfass-Aktion?<br>Telefonmarketing | **Wer** | **Wann** | **wie viel** | **€** |

Damit Sie viele Aktionen planen können, habe ich Ihnen das „Aktionsformular“ unter www.countertalk.de (download) zum kostenlosen herunterladen bereit gestellt.

## Erläuterungen zum Formular

In die erste Zeile des Formulars („Produkt/Thema“) tragen Sie das konkrete Angebot eines Veranstalters ein, das Sie verstärkt verkaufen möchten, oder die Reise, die Anlage, den Club, die Kreuzfahrt, mit der Sie die Aktion fahren möchten. Ingo Schmitt (s. Kapitel 3), der laut strategischem Ziel „Platzhirsch“ mit Studienreisen werden möchte, trägt eine ganz konkrete Studienreise ein. So weit, so gut. Bis hierhin kriegen die meisten Führungskräfte ihre Aktionsplanung auf die Reihe. Doch schon bei der zweiten Zeile treten die ersten Probleme auf. Das häufigste Problem mit der zweiten Zeile: Sie wird nicht ausgefüllt.

Statt dessen sagen viele Führungskräfte in der Touristik Dinge wie: „Was wir mit dieser Aktion erreichen wollen? Natürlich Umsatz! Buchungen! Dass die Leute uns die Bude einrennen!“ Tun sie das? Nein. Warum nicht? Konjunktur? Konkurrenz? Kundenzurückhaltung? Nein. Managementfehler:

Seine Ziele erreicht nur, wer Ziele hat.

„Umsatz! Buchungen! Bude einrennen!“ sind keine Ziele. Das sind Wunschträume. Träumen Sie nicht, formulieren Sie Ihre Ziele so, dass Sie und Ihr Team sie auch erreichen können: konkret, präzise, verbindlich und vor allem messbar. Um Zeile 2 ausfüllen zu können, fragen Sie sich:

- Wieviel Paxe möchten wir mit dieser Aktion machen?
- Wieviel Umsatz?
- Wieviel Umsatz pro Kunde im Schnitt?
- Wie vielen Interessenten möchten wir einen Zettel in die Hand drücken?

- Von wie vielen Interessenten möchten wir die Telefonnummer?
- Wie viele Interessenten möchten wir zumindest in ein so langes Gespräch verwickeln, dass wir ihre Reisemotive erkennen können?
- Von wie vielen Interessenten möchten wir hören, dass Sie in den nächsten Tagen im Reisebüro vorbeischauen?

Und das sind nur die gängigsten Zielvorgaben. Welche anderen wählen Sie noch? Sie können jede wählen, die kpv (konkret, präzise, verbindlich) und messbar ist. Wählen Sie Ihre Ziele weise: Keine Mondziele, sondern realistische Vorgaben, die auf Erfahrungswerten plus Aufschlag beruhen.

Hört sich vernünftig an? Leider sind viele Führungskräfte nicht so vernünftig. Legen wir für sie einen Exkurs ein.

## Exkurs für Zielmuffel

Wenn wir in Training, Beratung oder Coaching Aktionen planen, sagen etliche Führungskräfte: „Ach, so genau muss man das doch nicht planen! Wir machen die Aktion mal und dann sieht man einfach, was dabei herauskommt." Diese Vorgehensweise ist natürlich sehr bequem. Die Frage ist nur:

| Was wollen Sie haben? Bequemlichkeit oder Erfolg? |
|---|

Es ist Ihre Wahl. Wählen Sie weise. Sie würden gerne Ihre Aktionen sorgfältig vorbereiten, haben aber nicht die Zeit dazu? So geht es vielen. Egal, wohin ich auch komme, immer wieder höre ich den Spruch: „Keine Zeit, keine Zeit! Wir können uns das nicht den ganzen Tag überlegen! Wir müssen ganz schnell was machen!“

Der Zeit- und Erfolgsdruck ist heutzutage so groß, dass man einfach keine Zeit hat, Aktionen sorgfältig vorzubereiten.

Dieser Aussage würden Sie zustimmen? Bevor Sie das tun, lassen Sie uns an Ihr kleines Laster denken. Was ist Ihr Laster? Schokolade naschen? Schöne Schuhe kaufen? Schnelle Autos? Gute Schallplatten? Was hat das mit dem heutigen Zeit- und Erfolgsdruck zu tun? Viel: Beides ist dasselbe.

Zeit- und Erfolgsdruck sind auch nur Versuchungen. Die Frage ist: Fallen Sie auf die Versuchung herein?

## Widerstehen Sie der Versuchung!

Bevor Sie das nächste Mal auf die Versuchung hereinfallen und „ganz schnell“ eine Aktion durchziehen, nehmen Sie sich fünf Sekunden Zeit. Sie haben richtig gelesen: Nur fünf Sekunden. Und stellen Sie sich drei Fragen:

Die 5-Sekunden-Fragen:

1) Was genau möchte ich mit der Aktion erreichen?
2) Einfach nur Zeit sparen und schnell eine Aktion machen – oder meine Geschäftsziele erreichen?
3) Wenn ich rasch und schnell die Aktion fahre – erreiche ich meine Ziele dann?

Diese drei Fragen bringen jeden Menschen wieder zur Vernunft – so groß die Hektik und der Druck auch sein mögen. Denn sobald sich unser gesunder Menschenverstand wieder einschaltet, erkennen wir:

Mit Ruckzuck-Aktionen erreicht man seine Ziele nicht.

Gut Ding will Weile haben. Und hat man die Zeit dafür nicht, muss man sie sich eben nehmen.

Eine der wichtigsten Fragen beim Marketing lautet: Was wollen wir erreichen?

Manager, die sich diese Frage stellen, nennt man zielorientiert. Die anderen zelebrieren hektischen Aktionismus. Viele davon sitzen in der Zentrale von Reisebüro-Ketten. Nicht wenige Filialleiter von Ketten regen sich regelmäßig auf: „Was soll denn diese Aktion nun wieder? Hätten die Bürohengste in der Zentrale sich eigentlich nicht vorher überlegen können, ob die Aktion überhaupt was bringt? Das ist doch wieder rausgeworfenes Geld!“ Es ist seltsam, dass wir nutzlosen Aktionismus bei anderen erkennen, bei uns selbst jedoch nicht so oft, wie es nötig und wünschenswert wäre. Regen Sie sich ruhig über die Zentrale auf. Aber fassen Sie sich dann an die eigene Nase.

Wer vor jeder Aktion seine Ziele plant, erspart sich eine Menge Ärger, Zeit- und Geldverschwendung mit von vorne herein aussichtslosen Aktionen.

Es ist Ihnen schon klar, wie wichtig Ziele sind? Sie sehen das Problem nicht bei sich, sondern eher bei Ihren Mitarbeitern?

## Mitarbeiter zielorientiert führen

Wer seine Ziele erreichen möchte, muss seine Mitarbeiter auch zielorientiert führen. Eigentlich logisch, nicht? Sie hören trotzdem schon Ihre Mitarbeiter stöhnen, wenn Sie mit Aktionszielen anrücken? Das liegt an einem Missverständnis:

Bei Zielvorgaben stöhnen Mitarbeiter. Bei Zielvereinbarungen sind sie begeistert.

Jeder Mensch stöhnt, wenn man ihm ein Ziel *vorgibt*. Weil es ein Eingriff in sein unveräußerliches und grundgesetzlich geschütztes Selbstbestimmungsrecht ist. Deshalb gibt es seit etlichen Jahrzehnten das Instrument der Zielvereinbarung. Vereinbarung ist das Gegenteil von Vorgabe. Es würde zu weit führen, dieses Instrument an dieser Stelle zu beschreiben. Wer möchte, kann googeln oder sich das Instrument aus meinem Ratgeber für Führungskräfte „So reden Chefs" aneignen. Wer Ziele nicht vorgibt, sondern vereinbart, motiviert damit seine Mitarbeiter. Warum?

Laut einer Gallup-Umfrage (www.gallup.de) sagen über 60% der Mitarbeiter, dass sie nicht genau wüssten, was der Chef eigentlich von ihnen erwartet.

Das heißt umgekehrt: Wenn Sie Ihren Mitarbeitern ganz klar sagen, welche Ziele sie verfolgen sollen, motiviert das Mitarbeiter ungemein.

Man kann Ziele auch so vereinbaren, dass die Mitarbeiter nicht stöhnen. Das liegt nicht an den Zielen, sondern an der Vereinbarung.

## Die Zielgruppenbeschreibung des Formulars

Auf dem Formular (s.o.) für Ihre Aktionsplanung nimmt die Zielgruppenbeschreibung einen großen Raum ein. Warum? Sie ahnen es vielleicht:

Je besser Sie die Zielgruppe kennen, desto stärker können Sie die Aktion auf die Wünsche, Motive, Gewohnheiten, Erwartungen, Interessen und Bedürfnisse der Zielgruppe maßschneidern – und desto größer wird Ihr Erfolg.

Schon die Indianer wussten das, als sie sagten: „Geh erst 200 Schritte in den Mokassins des anderen, bevor du ein Urteil über ihn fällst.“ Wir können das abwandeln und sagen: „Geh erst 200 Schritte in den Schuhen deines Kunden, bevor du ihm eine Reise verkaufen möchtest.“

Je besser Sie den Kunden kennen, desto eher bucht er.

Oder wie ein saarländischer Agenturleiter es mal ausdrückte: „Wenn ich genau so denken, fühlen und reden kann wie der Kunde, dann kann ich ihn am besten beraten.“

## Wenn Ihnen eine Zielgruppe fremd ist

Nicht jede Führungskraft in der Touristik kennt jede Zielgruppe – das kann auch keiner verlangen. Was machen Sie also mit Zielgruppen, in die Sie sich nicht hineinversetzen können? Sie wollen zum Beispiel Golfreisen verkaufen, haben aber noch nie gegolft – was machen Sie da? Marketing am lebenden Objekt.

Wenn Sie eine Zielgruppe nicht oder zu wenig kennen, lernen Sie sie kennen. Sprechen Sie mit einem Zielgruppenvertreter.

Nicht einem wildfremden Vertreter, sondern einem aus Ihrer Stammkundschaft. Rufen Sie ihn einfach nach seinem nächsten

Urlaub oder wegen eines Angebots an, das ihn interessieren könnte und fragen Sie beiläufig: „Übrigens, wie läuft ... (das Golfspiel, das Windsurfen, ... ) gerade? Was gibt es Neues von ... (der Paläontologie, der Kultur vorderasiatischer Nomadenstämme, ... )?“

Sie halten das für ziemlich aufdringlich? Nehmen Sie mir das bitte nicht übel, aber dann ist Ihre Menschenkenntnis nicht ausreichend. Was würden Sie sagen, wenn ich Sie nach Ihrem Lieblingshobby fragen würde? Sie würden stundenlang mit mir darüber reden wollen? So geht es allen Menschen, wenn man ihr Hobby anspricht. Daher kommt der Ausdruck Angler- oder Jägerlatein: Spricht man einen Angler aufs Angeln an, findet er kein Ende und erzählt und erzählt ...

Bei der Kundenberatung geht es nicht um Reisen, sondern um Menschen.

Genau das ist es, was ein gut geführtes Reisebüro dem Internet voraus hat: Es kann sich um den Menschen kümmern. Auf Trainings beschweren sich ExpedientInnen oft: „Ich kriege jedesmal fast einen Anfall, wenn ein Kunde mit einem Internet-Ausdruck ankommt. Das ist doch unverschämt!“ Kriegen Sie keinen Anfall, gratulieren Sie sich. Der Kunde hat offensichtlich erkannt, was viele ExpedientInnen und Reisebüroleiter noch nicht erkannt haben: Das Internet kann keine echte persönliche Beratung bieten, keine menschliche Wärme, kein Beziehungsmanagement, keine Freundlichkeit und Empathie. All das kann nur ein Reisebüro bieten.

Die meisten Führungskräfte und ExpedientInnen kennen sich hervorragend mit den Reisen aus, die sie verkaufen. Nicht jedoch mit den Menschen, denen sie sie verkaufen. Sie kennen sie zu wenig. Sie können den Zielgruppenteil des Aktionsformulars nicht ausfüllen. Und wer das nicht kann, kann auch nicht erfolgreich Reisen verkaufen. Warum? Weil er nicht besser berät als das Internet, über das er immer schimpft.

Schon während Sie im Formular das Zielgruppenprofil erstellen, werden Ihnen jede Menge Anregungen für Ihre Aktion einfallen.

Als wir für ein kleines Reisebüro mit praktisch null Werbe-Etat das Profil für eine bestimmte Zielgruppe ausfüllten, schrieb die Inhaberin zum Beispiel bei „sonstiges Freizeitverhalten“ der Zielgruppe hinein: „gehen gerne ins Erlebnisbad“. Also war völlig klar, dass sie dort an einem Samstag einen Info-Tisch einrichten würde. Sie tat es – und brachte 20 heiße Interessenten und vier Buchungen mit.

## Unser Mantra: die Motive

Was halten Sie für den wichtigsten Eintrag beim Zielgruppenprofil? Richtig, der Punkt „Reisemotive“.

Kennen Sie die Motive Ihrer Kunden, verkauft sich Ihr Angebot quasi von selbst – Sie müssen dem Kunden lediglich zeigen, wie Ihr Angebot seine Motive in idealer Weise erfüllt.

Viele Führungskräfte in der Touristik (vor allem in den Marketing-Stäben der Veranstalter) haben große Probleme, Kundenmotive zu ermitteln. Sie wissen „alles“ über ihre Kunden: wieviel Kinder, Autos, Häuser, Einkommen sie haben, wohin sie wie oft reisen. Sie wissen jedoch nicht, *warum* die Kunden reisen.

Wer nicht weiß, warum ein Kunde reist, hat keinen nachhaltigen Erfolg am Markt.

Das Schöne an den Reisemotiven ist nämlich: Sie sind konjunkturstabil. Wer Sommer, Sand und Sonne liebt, liebt Sommer, Sand und Sonne auch dann noch, wenn das Geld knapp und die Konjunktur im Keller ist. Motive sind immer sehr viel stärker als Preisbewusstsein.

Die Motive eines Kunden determinieren seinen Reisewunsch zu 90 Prozent.

Der Rest sind Preis, Termin und andere Randfaktoren.

Motive sind der Schlüssel zum Kunden.

## Motive: Wie kommen Sie drauf?

In Trainings fragen mich Expedienten und Führungskräfte hin und wieder: „Aber wie komme ich denn hinter die Motive eines Kunden?“ Wenn man bedenkt, dass Reisemotive über Sein oder Nichtsein eines Reisebüros entscheiden, ist das eine erschreckende Frage. Wenn wir nicht mal das wissen, wie wollen wir dann überleben? Andererseits ist die Frage auch sehr tröstlich: Wenn es nur daran liegt – die Motiverkundung ist schnell zu lernen.

Wenn Sie die Motive eines Kunden erfahren wollen, hören Sie ihm einfach zu.

Er wird Ihnen jede Menge Hinweise auf seine Motive geben. Leider hören sie viele ExpedientInnen nicht, weil sie dem Kunden nicht zuhören, sondern ihn „beraten“. Sie haben zuhause Beziehungspartner, die ihnen „nie zuhören“ – und im Beruf machen sie es genau so. Sagt ein Kunde, er möchte „einfach für ein paar Tage raus aus der Tretmühle“, dann sind seine Motive Abwechslung, Auftanken, Luftholen. Sagt er, er habe schon lange von einer

Kreuzfahrt geträumt, dann sucht er ein Prestigeerlebnis, einen Traumurlaub.

Wenn die Aktion, die Sie vorhaben, eine neue Zielgruppe anspricht, können Sie natürlich nicht dem Kunden zuhören, um seine Motive zu erfahren. Dann ist die Sache sogar noch einfacher.

Wenn Sie die Reisemotive eines Kunden ergründen wollen, fragen Sie sich: Wie muss ich gestrickt sein, um mir genau so eine Reise anzutun?

Was denke ich mir dabei? Was hoffe ich? Was erwarte ich? Was fühle ich? Welche Wünsche möchte ich mir damit erfüllen?

Wenn Sie clever sind, stellen Sie diese Fragen einer Handvoll Menschen aus der anvisierten Zielgruppe. Über diese Fragen gibt jeder Mensch gerne Auskunft. Weil jeder Mensch gerne über seine Wünsche spricht.

## Fallbeispiel: Marketing in der Praxis

Das Aktionsformular ist ein statisches Hilfsmittel, das einen dynamischen Prozess auslöst. Nicht das Formular ist wichtig, sondern der Prozess, den Sie damit lostreten. Betrachten wir ein Beispiel aus meiner Beratungspraxis:

Wölkner: „Welche Zielgruppe haben Sie für diese Aktion im Auge?“
Reisebüroleiter: „Hm, ja, Familien mit Kindern.“
Der Reisebüroleiter setzt den Kuli aufs Formular, um das einzutragen. Das wäre ein Fehler. Denn diese Zielgruppenbeschreibung ist viel zu ungenau, um damit Markterfolg erzielen zu können. Also frage ich etwas provokant:

„Sie wollen also Familien mit sechs bis acht Kindern ansprechen?“
„Nein, nein! Eher ein bis drei Kinder.“
„Also Kinder im Alter von sechs Monaten bis vier Jahren.“
„Nein, ich denke da eher an sechs bis fünfzehn.“
„Der Vater arbeitet, die Mutter macht den Haushalt.“
„Nö, für diese Reise braucht man schon zwei oder 1,5 Gehälter.“
„Und warum sollen Doppelverdiener mit halbwüchsigen Kindern überhaupt in den Urlaub fliegen? Die haben doch schon genug um die Ohren!“
„Stimmt eigentlich. Aber das Problem erleben wir ständig mit solchen Familien: Die Eltern würden im Urlaub am liebsten für sich sein, aber trotzdem mit den Kindern wegfahren.“
„Das heißt quasi: Urlaub von und mit den Kindern?“

Ein toller Slogan, nicht wahr? Mit genau diesem Slogan startete das Reisebüro seine Aktion – und erzielte einen atemberaubenden Erfolg, der den lokalen Mitbewerbern das Wasser in die Augen trieb.

Hätte der Reisebüroleiter „Familien mit Kindern“ ins Formular eingetragen, hätte er sich damit selbst um diesen herausragenden Erfolg gebracht. Denn dann wäre er nie auf den phantastischen Slogan gekommen. Außerdem hätte seine Aktion einen riesigen Streuverlust gehabt: Familien mit Kindern gibt es circa 20 000 in seiner Stadt. Familien mit zwei bis drei Kindern im Alter von sechs bis 15 Jahren mit doppeltem oder 1,5-fachem Gehalt gibt es jedoch nur circa 8000. Das heißt auch: Nicht nur wurde die Zielansprache viel genauer, das Reisebüro sparte auch die Hälfte seines Aktionsbudgets ein, weil man viel weniger Interessenten ansprechen musste als eigentlich geplant.

**Marketing ist keine Aufgabe, sondern ein Prozess.**

Quasi ein heiteres Beruferaten: Wer bin ich? Je mehr Fragen Sie dabei stellen, desto besser wird Ihr Marketing und desto größer Ihr Markterfolg.

Wer jede Menge Fragen stellt, hat mit Marketing Erfolg. Wer zu wenige Fragen stellt, ist im Blindflug unterwegs.

## Ihre Werbeaktivitäten

Werfen wir noch einen Blick auf Ihre Eintragungen im Formular unter der Überschrift „Meine Werbeaktivitäten". Wenn Sie sich beim Ausfüllen etwas unsicher fühlen, dann schlagen Sie einfach in den folgenden Kapitel nach: Alles Wissenswerte über Einsatz und Gestaltungsmöglichkeiten von Anzeigen, Handzetteln, Schaufenster, Mailings, Telefonmarketing und anderen Werbemitteln finden Sie in Kapitel 5.

Natürlich können Sie bei Ihrer Aktion auch eine Kundenveranstaltung, PR und Beziehungsmanagement einsetzen. Weil diese Marketing-Instrumente jedoch so wichtig und erfolgsentscheidend sind, finden Sie sie in eigenen Kapitel, nämlich in den Kapiteln 6 bis 8.

## Was es Ihnen bringt

Das Aktionsformular macht ein wenig Arbeit, aber es macht nach der ersten Eingewöhnungszeit auch jede Menge Spaß. Führungskräfte, die damit arbeiten, berichten regelmäßig:

- „Unsere Aktionen sind jetzt viel besser vorbereitet – und der Erfolg entsprechend größer."

- „Ich weiß gar nicht, warum wir so lange vor uns hingewurschtelt haben, wenn die Aktionsplanung so einfach ist."
- „Ich habe jetzt bei Aktionen den vollen Überblick. Früher ging das oft drunter und drüber."
- „Ich habe das Gefühl, dass ich mein Marketing jetzt besser im Griff habe."
- „Das Ganze hat einfach Hand und Fuß."
- „Wir haben die Kosten pro Aktion bedeutend gesenkt."
- „Die Kontrolle ist viel besser als früher."
- „Seit wir klare Ziele bei jeder Aktion vor Augen haben, sind alle viel motivierter dabei."
- „Wir haben jetzt sehr viel mehr Erfolg mit unseren Aktionen als früher."
- „Wir können aussichtslose Aktionen schon in der Planung eliminieren – und müssen uns nicht erst in der Praxis die Enttäuschung abholen."
- „Zuerst dachte ich, das Aktionsformular kostet Zeit, die ich nicht habe. Doch inzwischen habe ich bemerkt, dass ich für jede Minute Formulararbeit zehn Minuten Zeit bei der Aktion spare."

Es lohnt sich also, bei Aktionen planvoll vorzugehen.

# 5. Die Marketing-Klassiker

## *Alles über Anzeigen*

### Müssen Anzeigen sein?

Wir beginnen die Reihe der klassischen Marketing-Instrumente mit der Anzeige. Nicht weil die Anzeige

- das wichtigste Werbemittel wäre – sie ist es nicht.
- das beste Werbemittel wäre – sie ist es nicht.
- das effizienteste Werbemittel wäre – das ist sie nicht.
- das kostengünstigste Werbemittel wäre – das ist sie nun wirklich nicht.

Sondern weil fast alle Reisebüros Anzeigen schalten. Warum? „Weil das alle machen“, ist eine häufige Antwort. Oder: „Weil man irgendwie auf sich aufmerksam machen muss.“ Ja, schon. Aber warum ausgerechnet mit Anzeigen? Weil den meisten leider nichts Besseres einfällt.

Viele verwenden „Marketing“ und „Anzeigen“ synomym. Dabei ist Anzeigenwerbung gerade mal ein Bruchteil vom Marketing – und noch nicht einmal der wichtigste.

Sie merken schon: Ich bin kein glühender Verfechter von Anzeigen. Heißt das, Sie sollen darauf verzichten? Das können Sie ganz einfach nachprüfen.

## Ihre Anzeigen-Erfolgskontrolle

Wir haben schon gesagt, dass eine der wichtigsten Fragen im Marketing lautet: Was wollen wir erreichen?

Eine weitere wesentliche Marketing-Frage lautet: Was hat das gebracht?

In einem Führungstraining sagte eine leitende Expedientin mal: „Mein Marketing ist ganz einfach. Es besteht aus drei Fragen:

1. Was wollen wir erreichen?
2. Wie wollen wir das erreichen?
3. Was hat das jetzt gebracht?"

Das ist Menschenverstand pur? Dann ist es Marketing. Wenn Sie wissen wollen, ob Ihre für teures Geld geschalteten Anzeigen etwas gebracht haben, schalten Sie eine – und dann fragen Sie jeden Kunden, der nach Erscheinen der Anzeige vor Ihren Counter tritt:

- „Wie sind Sie auf dieses Angebot aufmerksam geworden?"
- „Gibt es einen besonderen Anlass für Ihren Reisewunsch?"
- „Haben Sie unsere Anzeige in ... gesehen?"

An den Antworten werden Sie schnell bemerken, ob die Anzeige gut fürs Business war oder nicht. Ob sie zumindest ihre Kosten einspielt. Wenn Sie ein gutes Controlling haben, können Sie auch Ihre Buchungs- und Umsatzzahlen direkt nach Erscheinen der Anzeige beobachten. Mit etwas mathematischem Sachverstand können Sie saisonale, systematische und zufällige Störfaktoren herausrechnen und auf Heller und Pfennig sehen, was die Anzeige gebracht hat.

Für jedes Marketing-Instrument gibt es nur ein Kriterium: Erfolg. Bringt es keinen, taugt es nicht. Leider werden Sie bei der Werbe-Erfolgskontrolle feststellen:

Die meisten Anzeigen bringen nicht viel – dafür kosten sie viel!

Warum werben dann so viele Reisebüros mit Anzeigen? Weil es bequem ist. Weil man zwar kein Geld hat, aber doch „irgend etwas" machen möchte. Weil man sich nicht wirklich im Marketing auskennt und deshalb zu wenig Alternativen hat. Weil man noch an den Weihnachtsmann glaubt: „Ich muss nur die richtige Anzeige schalten, dann rennen mir die Kunden die Bude ein!" Schön wär's ja ...

## Wenn schon Anzeige, dann aber richtig!

Die Alternative zur Anzeige lautet: entweder gar keine Anzeige – oder eine richtig gute Anzeige.

Entweder Ihre Anzeige „knallt" – oder Sie sparen sich das Geld lieber.

In der Anzeigenwerbung gilt das Prinzip: Was nicht wirkt, bewirkt auch nichts. Der beste Beweis dafür sind Sie selbst: Wenn Sie Ihre Lokalzeitung aufschlagen und die redaktionellen Berichte lesen, welche Anzeigen fallen Ihnen dann beiläufig auf? Nur jene

- die ins Auge stechen. Dafür müssen sie noch nicht einmal groß, aber unbedingt auffällig sein. Also: Sonderfarbe, auffallendes Symbol, auffallende Form, auffallend viel weißer Rand, auffallendes Foto (in der Regel zu teuer).

- ❑ die einen guten, witzigen, intelligenten und ansprechenden Slogan haben (haben die wenigsten Anzeigen). Dafür braucht man kein Talent; lediglich Kreativität – und die gehört zur Grundausstattung jedes Menschen.
- ❑ die nicht das Produkt bewerben, sondern das Reisemotiv. Also nicht „14 Tage Luxus-Kreuzfahrt" – das reißt keinen vom Hocker. Das spricht nicht an. Weil Menschen sich nur über ihre Motive ansprechen lassen. Also vielleicht so „Zwei Wochen auf Händen getragen werden!"
- ❑ die überraschen, zum Beispiel mit einem knackigen Testimonial eines zufriedenen Kunden (darf auch realistisch erfunden sein), zum Beispiel: „Dieser Urlaub war mein Lebensretter!" oder wie BILD einmal titelte: „Mit dem Urlaub kam das Glück!"
- ❑ die den Leser direkt ansprechen, also nicht monologisch das Produkt beschreiben: „1 Wochenende im schönen Allgäu", sondern einen Dialog aufmachen: „Wie wär's mit einem Wochenende zwischen hohen Kühen und glücklichen Bergen?"
- ❑ die Mut zu witziger, umgangssprachlicher Formulierung zeigen. Wie Friedrich Schiller, einer unserer besten Werbefachleute („Die Räuber", „Das Lied von der Glocke") sagte: „Schreib so, wie du sprichst!"

> „Seriös" hat in einer Anzeige nichts zu suchen. Seriös funktioniert bei Anzeigen nicht. Seriös können und müssen Sie hinterm Counter sein – aber nicht in Ihrer Anzeige!

Sie haben vor, eine Anzeige zu schalten? Dann benützen Sie die obigen Punkte als Checkliste. Wenn Sie bei jedem Checkpunkt einen Haken machen können, können Sie die Anzeige ruhigen Gewissens schalten. Mit der Checkliste haben Sie die Erfolgswahrscheinlichkeit Ihrer Anzeige so weit optimiert, dass Sie sich keine Vorwürfe machen müssen, wenn die Wirkung zu wünschen übrig lässt.

Noch etwas: Um motivorientiert zu texten, müssen Sie erst mal die Motive Ihrer Zielgruppe kennen. Sie sehen also: Es lohnt sich, erst strategisch zu planen (s. Kapitel 2), bevor Sie werben. Denn bei der strategischen Planung werden auch die Motive der Kunden erhoben.

Marketing ist keine Tätigkeit, sondern ein Prozess, bei dem ein Prozessschritt in den anderen greift.

Zu diesem Prozess gehört immer eine Feedback-Schleife: Sprechen Sie nach jeder Anzeigenschaltung mit mindestens einem halben Dutzend Stammkunden, deren Urteil Sie einordnen können. Fragen Sie sie, ob sie die Anzeige gesehen haben und wie sie auf sie gewirkt hat. Einzelmeinungen müssen Sie nicht unbedingt umsetzen. Doch wenn drei Befragte äußern, dass sie die Anzeige zum Beispiel zu überladen fanden, machen Sie es bei der nächsten Schaltung lieber besser.

Übrigens: Die meisten Anzeigen würden nie geschaltet werden, wenn der Reisebüroleiter marketingmäßig vorginge, also vor der Schaltung schriftlich die Ziele festlegen würde, die die Anzeige erreichen muss.

## Checkliste: Kostenoptimierung Anzeigenwerbung

Anzeigen sind zwar unverschämt teuer, doch es geht auch billiger:

- ❑ Für einen professionellen Text brauchen Sie keinen Texter von der Agentur. Es gibt auch in Ihrem informellen Netzwerk Texttalente, die es für umsonst oder für einen kleinen Schein bar auf die Kralle machen. Vielleicht sitzt sogar einer von denen hinter Ihrem Counter ...

- ❑ Dito Anzeigenlayout: Es gibt derzeit so viele arbeitslose oder arbeitsarme angestellte oder freie Werbegrafiker, die ein Superlayout für 'nen Appel und ein Ei machen.
- ❑ Machen Sie nicht für jede Anzeige ein neues Layout. Das kostet unnötig und schmälert den Wiedererkennungseffekt. Lassen Sie sich einen Rahmen basteln, den Sie von Anzeige zu Anzeige mit aktuellem Text füllen.
- ❑ Lassen Sie sich nicht weismachen, dass die Anzeigentarife Ihrer Zeitung nicht rabattierfähig sind (s.a. Checkliste „Mit dem Anzeigenverkäufer verhandeln"). Das sagt der Anzeigenverkäufer zwar, doch das heißt nur, dass er beinhart verhandelt, weil das sein Job ist. Ich habe noch keinen Anzeigenverkäufer erlebt, der nicht schließlich doch mit dem Preis runter ging, wenn man ihn nur lang genug gelöchert hat ...
- ❑ Schalten Sie in Printmedien mit zivilen Schaltpreisen. Vereins-, Verbands-, Stadtteil- oder Gemeindezeitungen kosten extrem viel weniger als Lokalzeitungen – und bringen oft eine viel größere Leserbindung mit. Das steigert auch Ihre Werbewirkung.
- ❑ Strategische Überlegung: Ersetzen Sie Ihre Streuwerbung (wie Anzeigen) nach und nach durch Direktmarketing (s.u.), indem Sie permanent Ihre Kunden- und Interessentendatei ausbauen und anschreiben, -mailen oder -faxen. Zu dieser Substitutiv-Strategie gehört auch, dass Sie Ihr Beziehungsmanagement (s. Kapitel 8) ständig verbessern. Direktmarketing und Beziehungsmanagement sind billiger und besser als Streuwerbung.

## Checkliste: Mit dem Anzeigenverkäufer verhandeln

- ❑ Glauben Sie nicht, Sie könnten nur dann einen Preisnachlass heraushandeln, wenn Sie ein Riesenbudget mitbringen. Auch bei Anzeigen für 250 Euro können Sie verhandeln. Es kommt nicht auf den Anzeigenpreis an, sondern auf Ihre Verhandlungskompetenz.
- ❑ Vergleichen Sie alle vergleichbaren Printmedien im Preis: Tageszeitungen, Wochenblätter, Anzeigenblätter, ... Handeln Sie dann die Zeitung Ihrer Wahl in Richtung auf den niedrigsten Preis herunter.
- ❑ Verhandeln Sie nicht nur eindimensional über den Preis. Wenn der Anzeigenverkäufer da nicht mit sich reden lässt, ist Ende der Fahnenstange.
- ❑ Je mehr Alternativen Sie in die Verhandlung einbringen, desto größer ist die Chance, dass er irgendwann doch „Ja“ sagen muss.
- ❑ Mögliche Alternativen: die letzte Anzeige einer Anzeigenserie kostenlos, vollen Preis bezahlen für eine große Anzeige bei Dreingabe einer kostenlosen kleineren Anzeige, kostenlose Zusatzfarbe, kostenloses Layout, kostenlose Platzierung (normalerweise kostet jede Wunschplatzierung zusätzlich), kostenlose zusätzliche Reproduktionsaufgaben, kostenlose Schaltung in weiteren Printmedien derselben Verlagsgruppe, kostenlose Wiederholung der Anzeige in schaltschwacher Ausgabe der Zeitung, ... Sie sehen: Der Verhandlungsphantasie sind keine Grenzen gesetzt.
- ❑ Wenn Sie sich ein Anzeigenbudget leisten können, verhandeln Sie nicht über jede einzelne Anzeige neu. Das kostet Zeit und bringt nicht so viel Rabatt als wenn Sie über Ihr komplettes, geballtes Jahresbudget verhandeln.

- ❑ Tun Sie sich mit Ihren lokalen Mitbewerbern in nur diesem einen Punkt zusammen: Anzeigenkooperation. Über die Bündelung Ihrer Budgets kommen Sie in ganz andere Rabatt-Größenordnungen. Machen Sie den besten Verhandler der Kooperation zum Chef-Verhandler. Kooperationen kommen nicht immer zustande, weil die Egoismen manchmal zu groß sind. Doch wenn sie funktionieren, bringen sie unglaublich viel (nicht nur bei den Schaltkosten).
- ❑ Genießen Sie die schönen Seiten am Verhandeln: Mit der Zeit macht das nämlich richtig Spaß. Wer gut Rabatte aushandeln kann, kann auch gut Rabattwünsche abwehren. Für beides brauchen Sie dieselbe Kompetenz.

# *Mit Handzetteln werben*

## Handzettel: geringe Kosten, große Wirkung

Ein Reisebüro in einer mittelgroßen deutschen Stadt druckt tausend Handzettel, DIN A5, auf dem eigenen Laserdrucker aus, verteilt sie an die Gesundheitssport-Übungsleiter der örtlichen Vereine und an die Manager der Edelvereine (Golf, Tennis, ...). Zielgruppe: Aktive, betuchte Senioren (50+), die ihrer Gesundheit was Gutes tun wollen. Binnen fünf Wochen laufen 43 Buchungen für eine Wellness-Woche in einem Hotel an der Ostsee ein. Ein durchschlagender Erfolg zu vernachlässigbaren Kosten.

| Die Kosten für Handzettel sind lächerlich gering. |
|---|

Nimmt man die Werbewirkung in die Kalkulation hinein, kann man sagen, dass gut gemanagte Handzettel eines der effizientesten Werbemittel überhaupt sind: geringe Kosten, hohe Wirkung. Sie finden das nicht? Wenn Sie Handzettel verteilen, kommt nicht viel dabei rüber? Dann haben Sie ein wesentliches Marketing-Prinzip entdeckt:

> Jeder kann auf einem Klavier herumklimpern. Den Minutenwalzer kriegen aber nur wenige hin.

Das heißt: Marketing-Instrumente bringen nur dann guten Erfolg, wenn sie gut gemanagt werden. Was ist nötig, damit Ihre Handzettel-Aktion Erfolg hat? Betrachten wir die einzelnen Kriterien anhand einer Checkliste.

## Checkliste: Handzettel professionell einsetzen

- ❑ Es bringt nichts, Handzettel zu drucken und sie irgendwo auszulegen. Selbst wenn die Leute sie mitnehmen und lesen, lässt die Werbewirkung zu wünschen übrig. Der berühmte Handzettel unter dem Scheibenwischer bei Großveranstaltungen ist ein Negativbeispiel.
- ❑ Handzettel entfalten dann ihre größte Wirkung, wenn sie persönlich übergeben und erklärt werden.
- ❑ Die Erklärung muss dabei kurz und knapp sein: zwei, drei Sätze maximal. Der Handzettel-Verteiler in der Fußgängerzone ist ein Negativbeispiel: Der persönliche Verkauf funktioniert hier nicht (liegt meist am Verteiler, nicht an der Fußgängerzone).
- ❑ Nutzen Sie Meinungsführer (s.o. Beispiel: Gesundheitssport-Übungsleiter) zum Verteilen Ihrer Handzettel.
- ❑ Informieren Sie die Meinungsführer so, dass sie die Handzettel nicht nur auslegen, sondern persönlich verkaufen.
- ❑ Ein finanzieller Anreiz muss dafür noch nicht einmal sein, wenn Sie Ihr Angebot so maßgeschneidert haben, dass der

Meinungsführer seiner Zielgruppe damit etwas Gutes tun kann. Sie schaffen damit eine Win-Win-Situation: Sie haben was davon, die Meinungsführer haben was davon und deren Zielgruppen haben was davon.

- ❑ Für Handzettel gilt das Monokultur-Prinzip: Auf einen Handzettel gehört nur ein Angebot. Handzettel mit vielen Angeboten, die jeden ansprechen sollen, sprechen im Endeffekt keinen wirksam an.
- ❑ Reden Sie auf dem Handzettel nicht über Ihr Angebot, sondern über die Motive der Zielgruppe und wie das Angebot sie erfüllt.
- ❑ Texten Sie pfiffig, unterhaltsam und appetitanregend und nicht seriös und beamtendeutsch.
- ❑ Layouten Sie lesefreundlich: Weniger ist mehr, so übersichtlich wie möglich. In der Kürze liegt die Würze. Überladen Sie den Handzettel bloß nicht.

## Verkaufen Sie mit Handzetteln keine Reisen!

Was denn sonst? Schuhe etwa? Das ist die falsche Frage. Die richtige lautet: Wenn der Handzettel die Reise nicht verkauft, wer verkauft sie dann?

> Vermeiden Sie den Fehler, mit dem Handzettel schon die Reise verkaufen zu wollen.

Das funktioniert nicht. Wenn Handzettel Reisen verkaufen könnten, bräuchten Sie keine ExpedientInnen mehr.

> Ein Handzettel soll keine Reisen verkaufen.

Das kann er und das soll er nicht. Er soll bloß Appetit auf einen Besuch oder einen Anruf bei Ihnen machen. Das heißt: Sie können es sich sparen, Ihr Angebot in allen Details zu betexten. Das ist sogar hinderlich. Der Handzettel soll lediglich den Reisewunsch wecken, die schlummernden Urlaubsmotive des Kunden aus ihrem Dornröschenschlaf wecken, seine Urlaubsträume anregen. Den Rest macht dann der Expedient.

## Deutsch für Deutsche

Ich habe bei mir im Büro eine größere Sammlung von Handzetteln. Ich bewahre sie im Giftschrank auf. Es ist eine wahre Horrorsammlung. Jeder einzelne Handzettel strotzt nur so vor

- Rechtschreib- und grammatikalischen Fehlern
- unverständlichen oder missverständlichen Formulierungen
- unattraktiven, lesefeindlichen Satzkonstruktionen wie Schachtel- oder Bandwurmsätzen
- langweiligen, humor- und geistlosen Inhalten
- nicht motivtreuer Argumentation

Sie kennen das ja selber aus Ihrer Sicht als Kunde. Jedesmal, wenn ich so einen Zettel in Händen halte, frage ich mich: Weiß der Reisebüroleiter, was er sich und seinen Kunden damit antut?

Sie sind Reisebüroleiter. Sie sind kein Texter, Journalist oder Schriftsteller. Also überlassen Sie das Texten in redigierender, beratender oder ausführender Form jemandem, dessen Stil nachweisbar lesefreundlich und auf den Punkt formuliert ist.

## Texten Sie teamfähig

Geben Sie den Entwurf für Ihren Handzettel vor Veröffentlichung Ihrem Team zum Gegenlesen. Dadurch überwinden Sie Ihren Blinden Fleck: Viele Augen sehen mehr als zwei. Mitarbeiter haben oft exzellente Anregungen.

Wenn Sie nicht so mutig sind, Feedback von Ihren Mitarbeitern annehmen zu können, lassen Sie Ihr Selbstbewusstsein als Führungskraft coachen und trainieren Sie die Feedback-Kultur in Ihrem Betrieb nach den Grundsätzen der gewaltfreien Kommunikation (nachlesen, googeln, trainieren).

Was Sie auf diesem Weg auch herausbekommen, sind Beratungsdefizite Ihres Teams. Eine Expedientin eines kleinen Reisebüros meinte nach dem Gegenlesen des aktuellen Handzettels zu ihrer Chefin: „Das ist mir viel zu flapsig formuliert!“ Die Chefin prüfte erschrocken den Text nochmals, hörte dann bei zwei, drei Beratungsgesprächen ihrer Expedientin zu und sah ihre Befürchtung bestätigt: Die Expedientin beriet knochentrocken, völlig humor- und espritlos. Die Kunden sagten über sie: „Wie eine Schalterbeamtin.“ Warum? Weil sie „seriös“ scheinen wollte. Sie wusste noch nicht, dass seriös meist das Gegenteil von kundennah ist. Der Handzettel gab der Chefin den Anlass, die Expedientin aus ihrem geschäftsschädigenden Beratungsverhalten heraus zu coachen.

## Der Chef als Feedback-Killer

Marketing hat viel mit Kommunikation zu tun – vor allem mit der internen Kommunikation.

Neulich beschwerte sich ein Reisebüroleiter im Coaching, dass er seinem Team „an Texten vorlegen kann, was ich will. Die finden das immer ganz klasse. Keiner bringt sich ein! Die sind so lustlos und passiv.“ Das ist die Diagnose des Chefs. Was ist Ihre?

Chefs, die kein ehrliches Feedback erhalten, haben es vorher gekillt.

Tatsächlich ist dieser Chef bekannt dafür, dass er es chronisch besser weiß. Egal, was der Mitarbeiter auch vorbringt, der Chef weiß es besser. Deshalb kriegen seine Mitarbeiter den Mund nicht mehr auf.

Sind Sie feedback-kompetent?

Mit dieser Fähigkeit wird man/frau nicht geboren. Sie ist hundertprozentig trainierbar.

## Bis zum Ende durchdenken: die Kontaktaufnahme

Manchmal begeistert mich ein Handzettel eines Reisebüros so, dass ich dort anrufen und das Team für die tolle Leistung loben möchte. Schaffe ich das? Erstaunlich oft nicht, weil

- ich minutenlang die Telefonnummer auf dem Zettel suchen muss
- die Telefonnummer per Adressstempel aufgetragen wurde und dieser beim Stempeln verwischte
- unter der Telefonnummer ständig belegt ist
- keine E-Mail-Adresse angegeben ist

- unter der angegebenen Telefonnummer sich eine unwirsche und offensichtlich gestresste Expedientin meldet
- ich auf mein E-Mail kein Feedback bekomme, das E-Mail also wahrscheinlich nicht gelesen wurde
- der Expedient, der sich unter der angegebenen Telefonnummer meldet, nicht viel Ahnung von der laufenden Zettelaktion hat
- derselbe Expedient noch nicht einmal ein Exemplar des Handzettels auf dem Tisch hat
- der Expedient nicht weiß, wie man am Telefon in sechzig Sekunden einen Gesprächstermin mit einem Kunden vereinbart, der den Handzettel gelesen hat.

> Eine Agenturleiterin sagte mal: „Oh Gott, stellen Sie sich vor, unser Handzettel hat Erfolg und 20 Leute rufen täglich an! Mein Team wäre völlig überfordert!“

Was also tun? Entschuldigen Sie, doch diese Frage sollte sich einer Führungskraft nicht stellen. Eine exzellente Führungskraft erkennen Sie daran, dass sie beim Durchlesen der obigen Negativliste die Negativpunkte sofort in einen Positiv-Check umgewandelt hat. Genau das ist die Aufgabe: Drehen Sie die obigen Mängel um und checken Sie die Kontaktaufnahme-Strukturen und -Prozesse Ihres geplanten Handzettels daraufhin ab, wie sicher diese die aufgezählten Fehler vermeiden.

## Der Chef weiß alles besser

Wenn ich mit Agenturinhabern oder Reisebüroleitern Handzettel redigiere, stoße ich regelmäßig auf lesefeindliche, klobig formulierte oder einfach nur motivfremde Formulierungen, auf unübersichtliche und überladene Stellen im Layout. Wenn ich die kritischen Stellen anspreche, bekomme ich oft zu hören: „Aber das muss so sein. Diese Information muss einfach noch dazu gegeben werden. Das muss der Kunde doch wissen!“ Da tun sich wahre Abgründe auf.

Der Kunde muss gar nichts müssen. Was der Chef meint, was der Kunde tun oder lassen muss, interessiert den Kunden nicht.

Ein Reisebüroleiter, der genau zu wissen meint, was ein Kunde braucht, ist das Gegenteil von einem kundenorientierten Reisebüroleiter. Was den Kunden interessiert, bestimmt immer noch der Kunde. Daher:

Machen Sie mit möglichst allen Marketing-Maßnahmen einen Feldtest.

Geben Sie Ihren Handzettel sieben Kunden, zu denen Sie guten Kontakt haben, die Ihnen nicht nach dem Mund reden und deren Urteil Sie einschätzen können. Befragen Sie diese Testkunden nach Anmutung, Verständnis und Wirkung des Handzettels. Nach fünf dieser explorativen Befragungen erkennen Sie in der Regel einen Trend. Setzen Sie jene Anregungen um, die trendbestätigt sind.

## Wie oft?

Da Handzettel so kostengünstig sind, können Sie ein richtiges Zettelwerk veranstalten. Machen Sie Handzettel zu einer Marketing-Institution. Bringen Sie monatlich mindestens einen heraus. Sie sollten dabei lediglich den Überblick behalten. Doch dafür haben Sie ja Ihre Marketing-Planung. Lernen Sie von Handzettel zu Handzettel dazu und machen Sie es mit jeder Ausgabe noch besser. Erweitern Sie auch von Fall zu Fall Ihren Handzettel-Verteiler. Führen Sie Buch über den Erfolg einzelner Handzettel in einzelnen Zielgruppen. Welche Zielgruppen sprechen auf welche Themen gut auf Handzettel an? Welche Aktionen könnten Sie in guten Zielgruppen hinterher schieben?

## Coupons

Experimentieren Sie auch mit Coupons auf Ihren Handzetteln à la: „Gegen Vorlage dieses Coupons erhalten Sie ... (ein Give-away oder Teilnahme an Verlosung)“. Manchmal schlagen die Coupons grandios ein, manchmal bringen sie nichts. Das kann man a priori nicht vorhersagen – nur ausprobieren.

## Kein Erfolg ohne Dokumentation

Damit Sie es beim nächsten Mal besser machen können, sollten Sie zuerst wissen, was bei diesem Mal gut lief und was schief ging.

Dokumentieren Sie den Erfolg jedes Handzettels.

Dokumentieren Sie die Anzahl der Interessenten, Besuche, Anrufe, Buchungen und den Umsatz, den jeder Handzettel generiert hat. Dokumentieren Sie seine Kosten. Auf diese Weise können Sie die erfolgreichsten Handzettel identifizieren, auf deren Erfolgsfaktoren schließen und damit den Erfolg jedes folgenden Handzettels steigern.

### Das Misserfolgs-Briefing

| Wenn eine Marketing-Maßnahme hinter den Erwartungen zurück bleibt, fragen Sie Ihre Kunden, warum. |
|---|

Die meisten Führungskräfte machen das Gegenteil: Sie sind so enttäuscht von dem Flop, dass sie sich beschämt in ihr Schneckenhaus zurück ziehen. Das ist die falsche Richtung! Wenn etwas schiefgeht, muss man raus- und nicht reingehen. Sprechen Sie mit Stammkunden, zu denen Sie einen guten Draht haben und versuchen Sie heraus zu finden, warum Ihnen der Erfolg versagt blieb. Ich verspreche Ihnen, dass Sie auf diesem etwas schmerzhaften Weg mehr über Kunden, Marketing und Erfolg lernen als aus jedem Erfolg. Die größten Geschäftserfolge wurden oft aus der Asche der vorangegangenen Misserfolge heraus erzielt.

## *Das Schaufenster*

### Wem gefällt Ihr Schaufenster?

Wie finden Sie Ihr Schaufenster? Sie haben jede Menge Zeit und Mühe darin investiert? Deshalb finden Sie es ganz gelungen? Entschuldigung, aber wen interessiert schon, ob Ihnen oder mir Ihr Schaufenster gefällt? Beim Marketing interessiert nur eine Frage: Gefällt es dem Kunden? Das wissen Sie nicht? Das geht vielen Führungskräften so. Marketing heißt auch Marktforschung. Forschen Sie mal:

| Stellen Sie sich gegenüber auf den Gehweg und beobachten Sie Passanten, die an Ihrem Schaufenster vorüber gehen. |
|---|

Ich kenne wenige Reisebüroleiter, die das gemacht haben. Dabei liegt es auf der Hand, oder? Beobachten Sie anhand der Passanten-Reaktion: Erfüllt mein Schaufenster seinen Zweck? Was ist überhaupt der Zweck eines Schaufensters? Richtige Antwort:

Ein Schaufenster erfüllt seinen Zweck, wenn Passanten stehenbleiben und eine positive Reaktion zeigen.

## Was hat der Katalog im Schaufenster verloren?

Viele Schaufenster sehen aus, als ob jemand den Katalog darin aufgehängt hat – was Kunden bei Befragungen auch oft genau so formulieren. Es hängen und stehen viele bunte Bildchen und Aufsteller drin mit vielen Täfelchen, auf denen ein Angebot angeboten wird. Bleiben bei dieser Auslage sieben von zehn Passanten stehen und denken: „Au fein, da muss ich dringend mal rein – oder anrufen!"? Aus Erfahrung können wir sagen: Leider nein.

Besonders peinlich wirken schlechte Schaufenster, wenn der Mitbewerber um die Ecke sein Schaufenster wirklich pfiffig gestaltet. Die Leiterin eines Reisebüros im Westen Deutschlands engagierte kurzerhand von einem Wanderzirkus im Winterlager ein kleines Kamel und einen südländischen Pfleger in weißwallendem Umhang und setzte sie für eine Woche ins Schaufenster. Großes Schild darüber: „Die Wüste lebt! Jetzt Sonne tanken! Hier!" Werbewirkung: Pro Tag acht Interessenten und zwei Buchungen. Okay, die Bude hat danach drei Wochen nach Kamel gemüffelt. Doch selbst das konnte das pfiffige Team positiv vermarkten: „Sie riechen's auch? Ja, so riecht die Wüste!" Merke:

Das Schaufenster muss ein Hingucker und Auslöser von Urlaubswünschen sein.

## Und wieder: Bis zum Ende durchdenken!

Ob ein Schaufenster „funktioniert", hängt davon ab, ob die Mannschaft dahinter mitdenkt. Als eine Auszubildende eines Reisebüros einen Nachmittag lang nicht sonderlich viel zu tun hatte, starrte sie auch öfter mal zum Schaufenster raus oder stand an der Tür. Glücklicherweise pfiff kein Vorgesetzter sie mit dem üblichen Spruch zurück: „Habense nix Besseres zu tun?" Deshalb sagte sie anderntags in der Teambesprechung (ja, manche Reisebüros sind so modern geführt): „Mir fiel auf, dass viele Passanten zwar vor unserem Fenster stehenbleiben – aber offensichtlich zu pressiert sind, um reinzukommen." – „Dann sollen sie halt anrufen!", meinte eine erfahrene Expedientin. Worauf die Azubine freundlich lächelnd meinte: „Wie denn? Steht im Schaufenster etwa unsere Telefonnummer?"

Peinlich, nicht? Da hatte fünfzehn Jahre lang keiner so richtig mitgedacht, was passiert, wenn jemand vor dem Schaufenster stehen bleibt. Das Reisebüro orderte noch am selben Tag einen Zettelkasten, aus dem heraus Passanten die Telefonnummer des Reisebüros mitnehmen können. Mit durchschlagendem Erfolg. Je augenfälliger das Schaufenster jeweils gestaltet ist, desto mehr Zettel werden mitgenommen. Übrigens: Zur Telefonnummer gehört auch die Homepage des Reisebüros, falls vorhanden. Aber auf jeden Fall die E-Mail-Adresse!

Ein anderes Reisebüro, das unter demselben Problem litt, stellte, wann immer es ging, eine freundliche Expedientin auf die Straße, welche Handzettel mit dem aktuellen Angebot und der Telefonnummer verteilte. Eine dritte Agentur hängte ein Riesenschild ins Fenster: „Ihnen pressiert's ganz fürchterlich? Wenn Sie nicht binnen drei Minuten bei uns rein und wieder raus sind, gibt's eine Butterbrezel gratis!" Wann immer ein Interessent vor den Counter trat, drehte der Expedient mit bedeutungsschwangerer Miene eine Sanduhr um. Der Erfolg: Bei diesem kurzen Erstkontakt konnte in 90 Prozent der Fälle ein längerer Telefon- oder ein Samstagstermin vereinbart werden. Die Brezel gab's übrigens trotzdem ...

## Wie oft?

Wie oft sollten Sie Ihr Schaufenster neu dekorieren? Das erschließt sich Ihnen aus dem Sinn und Zweck eines Schaufensters: Das Schaufenster soll zum Hingucken und Gutfühlen animieren. Tut es das nicht mehr, ist die Wirkung der aktuellen Dekoration verbraucht. Also wäre der exakte Zeitpunkt nur durch sporadische Passantenbeobachtung zu ermitteln. Manche Führungskräfte tun das tatsächlich.

Wer diesen Grad an Kundenorientierung nicht erreicht: Optimal ist ein Deko-Wechsel alle zwei Wochen. Einmal im Monat geht auch noch. Wer seltener wechselt, verschenkt Umsatzpotenzial. Wer sich das leisten kann ...

Ihnen gehen bei einem derart häufigen Wechsel der Deko die Ideen aus? Dann beziehen Sie Ihr Team in die Ideenfindung ein. Das ist ein wunderbares Mittel der Motivation. Auch Mitarbeiter haben gute Ideen, wenn sie sich mal daran gewöhnt haben, dass der Chef ihre Ideen auch ernst nimmt. Wer mit den Ideen seiner Mitarbeiter nichts anzufangen weiß, hat kein Marketing-, sondern ein Führungsproblem. Das ist das Schöne am Marketing: Es ist ein Prozess, der so viele Schnittstellen zur Führungskompetenz hat, dass Führungsschwächen regelmäßig aufgedeckt und behoben werden können.

Wer besseres Marketing macht, wird auch eine bessere Führungskraft.

## Es zählt nur eins: Aufmerksamkeit

Ein Reisebüroleiter in einem notorisch automobilverrückten Stadtteil einer deutschen Großstadt hatte sich als Angebot des Monats eine Package-Reise zu einem europäischen Grand-Prix der Formel 1 ausgedacht. Dafür hatte er nach monatelangen Verhandlungen tatsächlich einem namhaften Rennstall ein original Formal-1-Cockpit als Exponat aus dem Kreuz geleiert. Sein stolzes Urteil: „Das war noch nie da!"

Stimmt. Doch die Kunden interessierten sich nicht die Bohne dafür. Die meisten sahen noch nicht mal rein ins Schaufenster. Und die, die es taten, rätselten, ob hier ein Kfz-Händler neu aufgemacht hat.

> Was der Chef für aufmerksamkeits-weckend betrachtet, muss der Kunde nicht als attraktiv betrachten. Was „noch nie dagewesen" ist, ist noch lange nicht attraktiv.

Glücklicherweise war der Chef zwar eigensinnig, doch auch teamorientiert. Seine rechte Hand sagte ihm: „Chef, lass mal gut sein. Wir machen das jetzt." Er stellte einen Riesen-TV ins und hängte zwei Stereolautsprecher übers Schaufenster. Dann bestellte er übers Internet eine DVD mit den spektakulärsten Crashes der Formel-1-Geschichte in Extremzeitlupe und mit den Kommentaren von Rennsportgrößen wie Lauda, Schumacher oder Ecclestone. Vor dem Schaufenster bildeten sich tagelang wahre Menschentrauben. „Da ist was geboten" war das Word on the Street, wie die Amerikaner sagen. Alle zehn Minuten ging eine auf Boxenluder getrimmte Expedientin raus und verteilte Handzettel. Jedesmal, wenn sie wieder reinging, hatte sie zwei Motorsport-Fans im Schlepptau.

Als das Team merkte, wie gut die Promotion anzog, bot es per Plakat für jede Buchung die Gratis-DVD an. Das Team spricht noch heute mit nassen Augen von dem einmaligen Erfolg – der keiner bleiben sollte. Denn aus der Einmal-Aktion entwickelte sich inzwischen ein regelmäßiges Kunden-Event mit Kultcharakter. Merke:

> Was Aufmerksamkeit weckt, bestimmt einzig und allein der Passant.

Also hören Sie, nein, *schauen* Sie auf ihn. Im Zweifelsfall ist nicht Ihre geschätzte Meinung, sondern das Verhalten der Passanten maßgeblich.

## Das Problem in der Kette

Büroleiter von Reisebüroketten haben oft ein Problem: Die Zentrale schreibt ihnen vor, wann sie was und wie ins Schaufenster zu stellen haben. Das veranlasst die Büroleiter zu der gängigen Klage: „Das passt einfach oft nicht. Es passt nicht ins Konzept, es passt nicht zu unseren Zielgruppen! Das holt keinen hinterm Ofen vor! Ist halt langweiliger Standard. Aber was will man schon machen?" Einiges. Wie wäre es mit folgenden Optionen?

1. Eine hundertprozent luftdichte Vorschrift gibt es im menschlichen Zusammensein nicht. Selbst die restriktivste Vorschrift bietet Ihnen einen gewissen Freiraum, innerhalb dessen Sie Ihre Kreativität spielen lassen können. Erkennen Sie diesen Spielraum, interpretieren Sie ihn kreativ, erweitern sie ihn weitestgehend und nutzen Sie ihn dann. Und wenn es nur 20 Prozent Freiraum sind – diesen kleinen Freiraum zu nutzen bringt mehr als über die fehlenden 80 Prozent zu lamentieren. Ein Beispiel dazu erzählt ein Ketten-Büroleiter: „Die Zentrale

schreibt uns vor, was wir wann ins Schaufenster stellen müssen – aber keiner hat uns verboten, daneben noch was anderes zu stellen. Nicht meine Schuld, wenn das dann viel besser wirkt!“

2. Seien Sie ruhig ein wenig mutig und betrachten Sie Ihre Vorschriften zur Schaufenstergestaltung nicht päpstlicher als der Papst. Selbst die Zentrale lässt Ihnen einiges durchgehen – wenn der Erfolg Ihnen Recht gibt. Dann gratuliert Ihnen auch die Zentrale.

# *Direktmarketing*

## So oft wie möglich

Streuwerbung wie zum Beispiel Anzeigen hat auch einen Streuverlust. Deshalb ist sie als Marketing-Maßnahme weder effizient (wirtschaftlich, rentabel) noch besonders effektiv (wirksam, erfolgreich). Aus diesem Grund wurde das Direktmarketing erfunden:

> Sprechen Sie nie einen Interessenten per Streumedien an, den Sie auch per Direktmarketing erreichen können.

Also per Mailing oder per E-Mail. Denn das ist rentabler und weitaus erfolgversprechender. Falls Sie die Sache professionell angehen. Genau darum geht es im Folgenden. Betrachten wir die Faktoren, die den Erfolg eines Mailings (und E-Mailings ausmachen).

## Erfolgsfaktor 1: Zielorientierung

Wenn die neuen Kataloge eintreffen, schickt man den Stammkunden ein Mailing, damit sie wissen, dass die neuen Kataloge da sind. Der Text geht dann ungefähr so: „Die neuen Kataloge sind da! Sie können sie jederzeit bei uns abholen. Oder rufen Sie einfach an!" Reißt Sie jetzt nicht vom Hocker? Dann geht es Ihnen wie den meisten Kunden, die so ein Mailing bekommen.

| Wenn ein Mailing Erfolg haben soll, muss es ein Ziel haben. |
|---|

Das Ziel des obigen Agenturleiters ist offensichtlich: „Die Kunden darüber informieren, dass die neuen Kataloge da sind." Ein blödes Ziel. Denn davon hat der Gute nichts (seine Kunden übrigens auch nicht; nicht wirklich). Seine Kollegin zwei Straßen weiter hat ein anderes Ziel: „Über 50 Prozent aller angeschriebenen Kunden sollen ihren Katalog persönlich bei uns abholen, von den restlichen sollen 30 Prozent anrufen." Diese Ziele sind schon näher am Umsatz als die des geschätzten Kollegen.

Weil diese Ziele anders sind, textet die Agenturleiterin auch anders: „Sensationell! Was die Veranstalter dieses Jahr für ein Feuerwerk an guten Ideen, neuen Ressorts, Destinations und tollen Angeboten entfachen, müssen Sie gesehen haben! Wir freuen uns, Ihnen Urlaubserlebnisse der unvergesslichen Art anbieten zu können. Wir brennen darauf, Ihnen die druckfrischen Kataloge mit einem freundlichen Lächeln persönlich in die Hand gegen zu dürfen. Die ersten Hundert, die einen Katalog abholen, kriegen ... (was auch immer, und so weiter)." Das hat Sie jetzt durchaus bewegt? Das hat es auch die Kunden. 64 Prozent kamen persönlich vorbei. 28 Prozent telefonierten.

> Wenn Sie wissen, was Sie mit dem Mailing erreichen wollen, können Sie ganz anders texten und haben Sie auch ganz anders Erfolg.

## Erfolgsfaktor 2: Attraktives Deutsch

Sie hätten nie so texten können wie die Agenturleiterin eben? Das kann die Agenturleiterin auch nicht. Sie hatte bloß die Ideen zum E-Mailing. Die sprachliche Umsetzung kam von ihrer Nichte, die gerade Abitur macht und regelmäßig Einser-Aufsätze schreibt. Merke:

> Eine Nichte, ein Cousin oder der Freund eines Freundes, der exzellent texten kann, gibt es in jedem Netzwerk.

Suchen und finden Sie ihn. Und dann arbeiten Sie so lange mit ihm, bis er inhaltlich das schreibt, was Sie wollen, und stilistisch das, was Ihre Kunden vom Hocker haut.

> Ein Mailing, das mit Genuss und Gewinn gelesen werden soll, darf nicht seriös ( = trocken) formuliert sein. Es muss attraktiv, spritzig, lesefreundlich, humorvoll, geistreich und unterhaltsam geschrieben sein.

Das Kriterium dafür ist: Selbst wenn der Leser nie im Leben daran denkt, eine Reise zu buchen oder einen Katalog abzuholen, muss er das Mailing mit Genuss lesen können – allein weil es sprachlich so vergnüglich zu lesen ist. Hoher Anspruch? Für Ihre Kunden ist das Beste gerade gut genug. Sagen Sie das nicht bloß, handeln Sie auch danach. Gerade wenn es um so etwas absolut Kostengünstiges wie eine attraktive Sprache geht ...

## Erfolgsfaktor 3: So persönlich wie möglich

„Liebe Kunden“ – sowas geht schon mal gar nicht. Die persönliche Anrede ist ein Muss (zumindest beim Mailing, E-Mailing kann und darf Ausnahme sein). Briefe sind seit Jahrhunderten persönlich. Der Mensch ist es gewohnt, dass er im Brief namentlich angeredet wird. Wird er es nicht, nimmt die Werbewirkung ab, weil das Schreiben buchstäblich anonym ist.

Eine Agenturleiterin im Westerwald schreibt jede Woche fünf Kunden einen kurzen, persönlichen Brief. Sie macht das auch noch handschriftlich! Sie hat eine exzellente Handschrift. Alle Kunden sind A-Kunden. Jeder Brief ist persönlich und nimmt auf die aktuellen Befindlichkeiten, Sorgen, Nöte, Wünsche und Träume des angesprochenen Kunden Bezug. Die Kundenbindung dieser Kunden erreichte in den letzten zehn Jahren 100 Prozent. Ein Traumwert. Die Leute wechseln ihr Reisebüro erst, wenn sie ableben ...

Das heißt nicht, dass Sie sich jetzt einen Montblanc kaufen und Ihre Handschrift üben sollen. Das heißt lediglich:

Je persönlicher ein Schreiben, desto größer sein Erfolg und desto größer die Kundenbindung.

Ein anderer Büroleiter schreibt handschriftlich auf die Mailings von Kunden, die er näher kennt, noch ein, zwei Sätze P.S. Auch das verfehlt seine Wirkung nicht.

## Erfolgsfaktor 4: Motivorientierung

Kommt Ihnen bekannt vor? Dann haben Sie gut aufgepasst und schon viel dazugelernt.

Gehen Sie im Mailing weniger auf Angebote und stärker auf die Reisemotive der Kunden ein.

Denn die Motive sind es, die den Leser ansprechen. Das Angebot selbst ist viel zu trocken dafür. Natürlich braucht es ein wenig Übung, bis man motivorientiert texten kann. Wir alle reden und schreiben viel zu stark deskriptiv, das heißt sachbezogen. Die Motivorientierung kommt mit der Übung.

Nicht der Kopf eines Menschen entscheidet, sondern der Bauch.

Also sprechen Sie auch den Bauch an: mit einer emotionalen, blumigen, metaphorischen Motivansprache. Das macht den meisten Führungskräfte Probleme, weshalb wir das Thema in einem Exkurs vertiefen.

## Exkurs: Affektiv, nicht deskriptiv texten

Ein kleines Reisebüro, das sich seit Jahren gegen seine viel größeren Konkurrenten erfolgreich wehren kann (weil es ein überlegenes Marketing hat), möchte ein Zielgruppenmailing verschicken. Das Angebot: Eine Wedelwoche in einem Sport- und Wellnesshotel in einem Skigebiet, das als neuer Insider-Tipp gehandelt wird. Der Büroleiter textet unter anderem:

„287 Kilometer tadellos gepflegte Pisten, zahlreiche Jause-Stationen, Nachtrodelbahn“

Einer seiner Expedienten, der auch gerne Ski fährt, mault: „Also das würde mich jetzt nicht auf die Piste ziehen.“ Und er schlägt vor:

„287 Kilometer tadellos gepflegte Pisten – von der pechschwarzen, achterbahnsteilen Gamskogel-Mutprobenabfahrt bis zur 24 Kilometer langen, vierspurigen Autobahn direkt ins Tal. Und wenn Sie zwischendurch zum Auftanken an die Box müssen: Stürzen Sie doch mal ein Stamperl beim Hochjoch-Wirt, einem urigen Original mit Rauschebart-Charme."

Wie finden Sie das? Hat was, nicht? Macht Lust. Selbst Leuten, die nicht Ski fahren. Warum? Weil es den Bauch anspricht, die Motive. Es spricht die Motive „Mutprobe auf der Piste", „Easy Skifahren", „Geselligkeit" und „Gemütlichkeit" an.

Wenn Sie mich fragen: Die mangelnde Motivorientierung ist das größte Manko, unter dem Mailings leiden. Dadurch werden Mailings nicht nur langweilig, sie werden geschäftsschädigend. Der Kunde denkt dabei unwillkürlich: „Wenn die ihre Reisen wie Sauerbier anpreisen, dann sind die nicht mal selber davon überzeugt, dass es ein gutes Angebot ist!"

## Erfolgsfaktor 5: Verkaufen Sie keine Reisen!

Auch das kommt Ihnen bekannt vor, denn das zieht sich wie ein roter Faden durch fast alle Marketing-Maßnahmen:

Nicht die Werbung verkauft eine Reise, sondern der Expedient.

Marketing ist nicht Verkauf. Marketing hat lediglich die Aufgabe, Kunden und Interessenten in Ihr Reisebüro zu holen. Das heißt: Stellen Sie Ihre Angebote nicht im Detail im Mailing vor. Das kann Ihr Expedient im Reisebüro viel besser, persönlicher und ansprechender. Machen Sie dem Leser lediglich so viel Appetit, dass er vorbeikommt oder anruft oder Sie anmailt. Aber genau das müssen Sie ihm auch sagen. Von alleine kommen seltsamerweise die wenigsten Menschen drauf:

Sagen Sie dem Leser klipp und klar, was er tun soll: „Rufen Sie uns an! Evelyn Müller freut sich auf Ihren Anruf!“

Und dann sorgen Sie dafür, dass am anderen Ende Evelyn Müller auch permanent erreichbar und exzellent geschult ist in Tele-Marketing (s.u.). Übrigens:

Die Telefonnummer, unter der der Leser anrufen kann, nennt man an der Stelle, an der man ihn zum Anrufen auffordert.

Es ist eine grobe Unhöflichkeit, vom Leser zu erwarten, dass er die Telefonnummer aus dem Briefkopf herausklaubt.

## Erfolgsfaktor 6: Schreiben Sie regelmäßig

Was halten Sie von Firmen, von denen Sie einmal im Jahr, meist zum Geburtstag, eine Karte oder einen Brief bekommen? Wie Goethe schon sagte: „Man merkt die Absicht und man wird verstimmt.“

Kommunikation beruht auf Glaubwürdigkeit. Für wie glaubwürdig halten Sie einen Kerl, der sich nur einmal im Jahr meldet?

Direktmarketing wirkt nur dann glaub- und vertrauenswürdig, wenn Sie mindestens einmal im Quartal mailen. Besser ist alle zwei Monate. Toll wäre jeden Monat. Und ideal ist zweimal im Monat.

Je öfter Sie mailen, desto eher entsteht eine Beziehung zum Kunden (s.a. Kapitel 8); sozusagen eine echte Brieffreundschaft.

Wenn Sie vorher nie regelmäßig gemailt haben, sollten Sie sich jetzt nicht übernehmen: Beginnen Sie mit einer zweimonatlichen Frequenz. Planen Sie schon jetzt die Aussende-Termine und halten Sie sie auch ein. Zuverlässigkeit ist bei einer Brieffreundschaft wichtig. Wenn Sie nicht an alle Ihre Kunden in der Kundendatei versenden wollen oder können, schreiben Sie wenigstens an die A- und Teile Ihrer B-Kunden. Sie haben keine ABC-Kategorisierung (s.a. Kapitel 8) Ihrer Kunden? Dann machen Sie schnell eine fürs Direktmarketing. Bitte keine Doktorarbeit! Schätzen ist besser als blind Fliegen.

## Anlässe für Mailings

Manchmal klagen Führungskräfte, dass ihnen nicht genügend Themen einfallen, um ihren Kunden einmal im Monat zu schreiben. Das ist bedenklich. Wenn man seinen Kunden nichts mehr zu sagen hat, ist man entweder kurz vor dem Burnout und hat selber Urlaub nötig. Oder man hat eines noch nicht erkannt: Wir leben nicht von Reisen, sondern von Urlaubsträumen. Wenn über Träume nicht mehr träumerisch geredet wird, sterben sie – und mit ihnen Ihr Geschäft. Also: Halten Sie die Träume wach! Hier eine kleine Auswahl von Anlässen für Mailings und E-Mailings:

- neue Kataloge, neue Frühbuchertarife
- Beschwichtigungsmailing: Irgendeine reisebürofeindliche Airline hat mal wieder die Provisionen gekürzt oder den Kerosinzuschlag erhöht. Schreiben Sie Ihren Kunden, dass alles halb so schlimm ist und sprechen Sie Urlaubsmotive an. Motive sind stärker als Kerosinaufschläge.
- Leitartikel-Mailing: Zweimal im Jahr kocht die Tagespresse ein touristisches Thema hoch. Meist inhaltlich völlig falsch. Stellen Sie als Fachmann den Senf, den die Journalisten ver-

zapft haben, gegenüber Ihren Kunden richtig – und nehmen Sie alle Redaktionen und Journalisten, die Sie kennen, in den Verteiler.

- neue Clubs
- Änderungen und Neuerungen in Zielgebieten (Nutzensteigerung aufzeigen!)
- saisonale Mailings: Weihnachten am Strand!, Pfingsten in der Toscana, Schon jetzt an den ...-Urlaub denken!
- Kurzurlaubmailing: Auftank-Wochenende im Tessin, zum Shoppen nach London
- Trendangebote: Erlebnisurlaub, Carvingwoche, Wellness, Balancing, ...
- Zielgruppenmailings an spezielle Zielgruppen wie Clubreisende, Familienurlauber, Adventure-Reisende, Studienreisende, ...

## Erfolgsfaktor 7: Evaluieren Sie!

Eine eherne Marketing-Regel lautet: Ein evaluiertes Marketing ist ein besseres Marketing.

Das leuchtet zwar ein, doch die meisten Menschen machen das nicht. Die meisten Menschen probieren etwas aus, sind vom Erfolg nicht so begeistert – und probieren das nächste aus. Das nennt man auch Method-Hopping. Die Empirie zu diesem Phänomen ist eindeutig:

Controller schlagen Method-Hopper 10:1.

Warum? Weil für Method-Hopper ein altes Sprichwort nicht zutrifft: Aus Schaden wird man klug. Wer Marketing-Maßnahmen nicht evaluiert, lernt nichts dazu und macht auch weiterhin dieselben Fehler.

„Those who don't remember the past, are condemned to repeat it."
George Santayana

Frei übersetzt: Wer nicht die Lehren aus seiner Vergangenheit zieht, ist dazu verdammt, dieselben Fehler wieder zu machen. Also evaluieren Sie den Erfolg jedes Mailings. Bilden Sie Ihre eigenen Kennzahlen. Das muss nichts mathematisch Komplexes sein. Ermitteln Sie einfach, was dabei herauskam. Sie lernen daran zwei wichtige Dinge:

1. Was Sie beim nächsten Mal besser machen können.
2. Wo Prozesse und Strukturen in Ihrem Reisebüro bislang unbemerkt marketing- und kundenfeindlich waren.

Ermitteln Sie nach jeder Mailing-Aktion Ihre zuvor gesetzten Aktionsziele:

- Wie kam das Mailing an? Wieviel Kunden haben sich darauf gemeldet? Wieviel Prozent sind das bezogen auf die komplette Aussendung? Möglicherweise stellen Sie dabei fest, dass einige ExpedientInnen überhaupt nicht Buch über den Response der Mailing-Aktion führen. Da ist ein Coaching-Gespräch fällig: Warum unterstützt dieser Mitarbeiter das eigene Marketing nicht? Hat er Wichtigeres zu tun? Was kann wichtiger sein, als den eigenen Arbeitsplatz zu sichern? Muss diesem Mitarbeiter klar gemacht werden, wer sein Gehalt zahlt (nein, nicht Sie – der Kunde!)?
- Wie viele Buchungen kamen letztendlich dabei heraus?

- Wie groß ist die Umwandlungsquote, die Hit Rate? Das heißt: Wie viele Rückmeldungen brauchte Ihr Team im Schnitt für eine Buchung?
- Vergleichen Sie die Hit Rates Ihrer Mitarbeiter: Warum haben einige Mitarbeiter eine höhere Hit Rate? Was machen diese besser? Und wie können die anderen Mitarbeiter von der überlegenen Beratungskompetenz dieser Buchungs-Champions profitieren?

> Wer seine Marketing-Maßnahmen ständig evaluiert, wird auch bei der Beratung immer besser.

# *Telefonmarketing*

## Die Nachfass-Aktion

Machen wir einen nahtlosen Übergang von einem Marketing-Klassiker zum nächsten: Es gibt eine Schnittstelle zwischen Direktmarketing und Telefonmarketing.

> Verdoppeln, ja verdreifachen Sie den Erfolg Ihres Mailings, indem Sie telefonisch nachfassen.

Warum kann ein simpler Telefonanruf so erfolgssteigernd sein? Gehen Sie von sich aus: Selbst wenn Sie ein Mailing bekommen, auf das hin Sie unbedingt beim Versender anrufen möchten, tun Sie das oft nicht, weil manchmal etwas dazwischenkommt – und Sie irgendwann die Sache aus den Augen verlieren. Deshalb empfinden Sie es als nützlich und angenehm, wenn Ihnen jemand die

Arbeit abnimmt, die Sache umdreht und seinerseits Sie anruft – sofern es kein aufdringlicher Verkäufer ist.

Viele Kunden antworten auf ein Mailing nicht. Nicht weil sie den Inhalt blöd finden. Im Gegenteil. Sie würden gerne anrufen oder vorbeikommen – kommen aber irgendwie nicht dazu.

Eine telefonische Nachfass-Aktion ist also Dienst am Kunden, eine Gedächtnisstütze, ein Entgegenkommen. Trotzdem verweigern die meisten Reisebüros ihren Kunden diesen Dienst. Warum? Weil die Mitarbeiter marodieren.

## Wenn die Mitarbeiter marodieren

Wenn Sie Mitarbeitern gegenüber auch nur das Wort „Nachfass-Aktion" fallen lassen, lösen Sie damit möglicherweise die Meuterei auf der Bounty aus und die Mitarbeiter hauen Ihnen Widersprüche wie die folgenden um die Ohren:

- „Wenn ich abends daheim angerufen werde, hasse ich das wie die Pest. Warum müssen ausgerechnet wir das jetzt auch tun?"
- „So aufdringlich will ich nicht sein!"
- „Das gehört sich nicht. Das ist Verletzung der Privatsphäre!"
- „Ich bin doch kein Drücker oder Klinkenputzer!"

Sie kennen solche Sprüche? Was sagen Sie dazu? Die Sache ist einigermaßen absurd. Ein nachgewiesenermaßen äußerst erfolgreiches Marketing-Instrument wird von den eigenen Mitarbeitern quasi sabotiert. Wie kann man mit solchen Mitarbeiter die Existenz des eigenen Unternehmens sichern? Viele Führungskräfte versuchen es, indem sie den Holzweg beschreiten: „Wir schicken die Mitarbeiter einfach auf ein Telefontraining, wo sie Tipps, Tricks und psychologische Techniken lernen, wie man richtig telefoniert.“ Gute Idee. Funktioniert nur leider nicht. Haben Sie auch schon erlebt? Warum floppt das Telefontraining? Warum greifen die Mitarbeiter nach dem Training immer noch so ungern zum Telefonhörer wie zuvor? Warum ist so ein Training rausgeworfenes Geld?

Wenn ein Mitarbeiter Telefonmarketing hasst, dann liegt das nicht an der Technik. Abneigung ist nichts Technisches, sondern etwas Emotionales: Es liegt an der Einstellung.

Also sollte ein Training an der Einstellung und nicht an der Technik ansetzen. Das machen nur die allerwenigsten, weil es zwar viele Techniktrainer, aber nur wenige Trainer gibt, die genug Coaching-Kompetenz haben, um Einstellungen ändern zu können.

## Arbeit an der Einstellung

„Ich bin doch kein Klinkenputzer, Drücker, Staubsauger-Verkäufer!“

Was machen Sie mit ExpedientInnen, die sowas denken oder sagen? Die damit eines Ihrer wirkungsvollsten Marketing- und Beziehungsmanagement-Instrumente sabotieren? Erst einmal sollten Sie differenzieren und den Mitarbeiter aufklären:

Sogenannte „Kaltanrufe“ bei wildfremden Leuten sind inzwischen gesetzlich verboten. Doch genau das machen Sie ja beim Nachfassen *nicht*.

Nachgefasst werden ausschließlich bereits vorhandene, bekannte, gute alte Kunden. Kunden, zu denen bereits eine gute Beziehung besteht. Wenn ein Expedient Angst davor hat, die Beziehung zu solchen Kunden aktiv zu pflegen, dann hat er ein schweres berufliches Problem. Denn Beziehungspflege ist das einzige, was uns vom Internet unterscheidet (s. Kapitel 8).

Meist haben ExpedientInnen jedoch nicht dieses grundsätzliche Problem. Sie sehen lediglich nicht, dass man nicht bei wildfremden Menschen, sondern bei guten Bekannten anruft. Sobald Sie oder ein guter Trainer darauf aufmerksam macht, haben die Mitarbeiter ihr Aha-Erlebnis: „Ach, die Kunden auf der Nachfassliste kenne ich doch alle! Die freuen sich doch, wenn ich mich bei ihnen melde!"

Viele ExpedientInnen wissen sogar, wann welche Kunden am besten erreichbar sind. Ein guter Expedient, der seine Kunden kennt, kennt auch solche Dinge. Und wenn man solche Dinge weiß, fällt es sofort viel leichter, zum Hörer zu greifen und nachzufassen.

## Wie Sie Mitarbeiter coachen, die übergeneralisieren

Es gibt noch ein Hindernis, das Mitarbeiter vom Nachfassen abhält. Wie eine Expedientin im Training mal sagte: „Das ging beim letzten Mal so schlimm daneben, dass ich das hoffentlich nie wieder machen muss!" Was war passiert? Sie hatte sich bei einem Anruf kurz im Ton vergriffen, der Kunde reagierte leicht säuerlich, sie entschuldigte sich und führte das Gespräch beziehungsfreundlich weiter. Doch der Schreck steckte ihr so sehr in den Knochen, dass sie das Kind mit dem Bade ausschütten wollte.

Wenn Sie beim Minutenwalzer einmal danebengreifen, schmeißen Sie deshalb auch nicht gleich das Klavier weg!

Mitarbeiter, die Ihre Marketing-Strategie aktiv umsetzen sollen, benötigen Coaching, weil sie ständig solchen Fehleinschätzungen aufsitzen. Entweder Ihr Coaching oder das eines professionellen Trainers oder Coaches. Als Vorgesetzter können Sie die geschockte Mitarbeiterin in einer ruhigen Minute beiseite nehmen und sagen: „Es geht nicht darum, das Nachfassen aufzugeben. Es geht darum, wie Sie künftig mit gelegentlichen Missstimmungen am Telefon besser zurecht kommen. Lassen Sie uns mal darüber reden, wie Sie Situationen wie diese künftig von vorne herein vermeiden können."

Marketing ist Führungsaufgabe: Führen Sie Ihre Mitarbeiter, die Ihr Marketing ausführen.

Der Vorgesetzte der betreffenden Expedientin ist übrigens ein recht passabler Coach. Er riet seiner Mitarbeiterin: „Wenn Sie privat telefonieren, ist doch auch nicht immer alles eitel Sonnenschein. Privat können Sie ganz gut mit gelegentlichen Misstönen umgehen. Wie machen Sie es denn da? Übertragen wir das doch mal auf Ihre Nachfasstelefonate."

Wenn Sie auf diese Weise Ihre MitarbeiterInnen coachend begleiten (lassen), werden Sie recht schnell bemerken, wie sich hinderliche Einstellungen gegenüber Telefonmarketing in konstruktive Einstellungen verwandeln.

## Das Smiley-Barometer

Als äußerst hilfreiches und wirksames Coaching-Instrument bei der Einstellungsarbeit hat sich das Smiley-Barometer erwiesen:

**Name:______________ Zeitraum von:______ bis:_______**

| | | | | | |
|---|---|---|---|---|---|
| Ich habe mich locker und entspannt gefühlt | | | | | |
| Ich habe viel mit der Stimme gelächelt | | | | | |
| Ich habe deutlich und klar gesprochen | | | | | |
| Ich habe viele Fragen gestellt | | | | | |
| Das Gefühl bei meinem Gesprächspartner war: | | | | | |
| | | | | | |
| | | | | | |

**Anzahl der Anrufe Gesamt:____**

**Wunschziel (Soll): ___________ Erreicht (Ist): _____________**

Damit Ihre nächste Telefonaktion noch erfolgreicher wird, können Sie sich das „Smiley-Barometer“ unter www.countertalk.de (download) kostenlos herunterladen.

Nach jedem Gespräch ist der Mitarbeiter angehalten, zu entscheiden, ob er die angegebenen Kategorien bejahen und ankreuzen kann:

- Ich habe mich im Gespräch locker und entspannt gefühlt
- Ich habe viel mit der Stimme gelächelt
- Ich habe deutlich und klar gesprochen
- Ich habe viele Fragen gestellt
- Das Gefühl bei meinem Gesprächspartner war ...

Wer das Barometer ausfüllt, erkennt recht schnell: Die verkorksten Gespräche sind eindeutig in der Minderzahl. In Trainings melden mir die Teilnehmer regelmäßig zurück: „Das war das beste Mittel, um mir deutlich zu machen: Telefonmarketing ist gar nicht so schlimm, wie ich gemeint habe!"

## Sie sollen am Telefon doch nicht verkaufen!

Bei der Einstellungsarbeit empfiehlt es sich auch, den ExpedientInnen von vorne herein klipp und klar zu sagen, dass sie am Telefon um Gottes willen keine Reisen verkaufen sollen. Viele meinen nämlich, dass sei von ihnen verlangt. Kein Wunder, dass sich viele derart unter Druck gesetzt fühlen, dass sie am liebsten aufs Nachfassen verzichten würden.

Beim Nachfassen verkauft man keine Reisen. Man fasst das Mailing, die Veranstaltung, einen Event, eine vorausgegangene Aussendung, ... nach.

Wer sagt denn, dass ExpedientInnen am Telefon Reisen verkaufen sollen? Beim Nachfassen geht es in erster Linie nicht ums Verkaufen, sondern um die Frage: Wie ist die Aktion (Mailing, Event, ... ) angekommen? Man redet zwanglos über das Thema der Aktion. Und wenn der Kunde dabei Buchungslust signalisiert, lädt man ihn auf ein Gespräch ins Reisebüro ein. Oder der Kunde sagt: „Schicken Sie doch mal was!" Diese Zusendung ist dann die Vorlage zum erneuten Nachfassen.

Das Wichtigste beim Nachfassen ist, dass Sie Ihren ExpedientInnen vorab unmissverständlich klar machen, was Ziel der Nachfass-Aktion ist. Und dass Sie mit ihnen die Formulierungen der Fragen üben. Denn eine fehlerfreie und gute Formulierung dürfen Sie nicht als selbstverständlich voraussetzen. Am besten, Sie üben das im Rollenspiel mit der ganzen Truppe nach der Art: „Ich spiele jetzt mal den angerufenen Kunden – wer macht den Anrufer?" Wundern Sie sich dabei nicht, welche haarsträubenden Gesprächsfehler Ihre Mitarbeiter begehen. Diese Gesprächsübungen werden nämlich so selten gemacht, dass kein Vorgesetzter der Welt ernsthaft erwarten kann, dass seine Mitarbeiter gut darin sind.

| Ohne Training kein Erfolg |
|---|

Das gilt fürs Tennis ebenso wie für das Kundengespräch.

## Der Trainings-Imperativ

Es ist illusorisch anzunehmen, dass Sie irgend einem Mitarbeiter das Nachfassen bestimmter Kunden delegieren können, bloß weil wir alle von Kindesbeinen an telefonieren. Fakt ist: Die meisten von uns können nicht telefonieren.

| Kein Telefonmarketing ohne Training. |
|---|

Es ist egal, ob Sie trainieren oder trainieren lassen – ohne Training sollten Sie keinen, auch nicht sich selbst, Telefonmarketing machen lassen.

| Schlechtes Telefonmarketing bringt nicht nur nichts, es ist auch geschäftsschädigend. |
|---|

Da am Telefon der visuelle Kanal völlig ausgeschaltet ist, reagiert der Mensch als Augentier am Telefon sehr viel empfindlicher auf Kommunikationsreize. Wenn einem im persönlichen Gespräch am Counter ein Fehler passiert, nimmt das der Kunde nicht so krumm, weil er seinem Expedienten dabei ins Gesicht schauen kann. Am Telefon kann er das nicht, weshalb er bei jeder kleinen

Irritation gleich unbewusst assoziiert: „Was ist los? Will die mich auf den Arm nehmen?“

## Telefontraining in 5 Stationen

| 1. Station: Trainieren Sie die richtige Einstellung. |
|---|

Wie bereits ausführlich erwähnt, ist das die erste und wichtigste Trainingsstation. Wenn die Einstellung nicht stimmt, nützt nämlich die ganze schöne Gesprächstechnik nichts. Bei diesem Trainingsschritt werden diskutiert:

- Was können konstruktive Einstellungen für Telefonmarketing sein?
- Wie kann ich als Anrufer meine Anrufe betrachten, damit ich gute Laune dabei habe?
- Welche inneren Blockaden halten mich davon ab? Wie kann ich diese ausräumen?

| 2. Station: Trainieren Sie Herzlichkeit. |
|---|

Eben weil beim Telefonieren der persönliche Eindruck nur schwach wirkt, reicht es nicht, nur freundlich zu sein. Kleiner Trick: Wer beim Telefonieren durchgehend lächelt, bleibt automatisch herzlich. Das gelingt jedoch nur, wenn man gegenüber der Telefoniererei und dem Kunden eine positive Einstellung mitbringt: So greifen Station 1 und 2 ineinander.

| 3. Station: Gruß, Name und Firma – langsam, laut und deutlich. |
|---|

Wenn Sie von professionellen Anrufern angerufen werden, verstehen Sie dann Name und Firma? „Clarameierkinderzimmerproductionsgutentag!“ Regt Sie das nicht auch auf? Warum vernuscheln und vergaloppieren selbst professionelle Anrufer Gruß, Name und Firma? Weil man alle drei ungefähr hundertmal am Tag sagt und das Ganze nur noch ein lästiges Ritual ist. Nicht jedoch für Ihren Kunden. Der hört das zum ersten Mal! Doch an den Kunden denken solche Nuschler nicht. So kundenorientiert sind sie nicht. Sie?

### 4. Station: Beziehung ist wichtiger als Inhalt.

Telefonmarketing ist 80 Prozent Beziehungspflege und nur 20 Prozent Inhalt und Zweck. Selbst wenn Sie zu einem bestimmten Zweck anrufen, um zum Beispiel ein Mailing nachzufassen, fassen Sie das Mailing nur zu 20 Prozent nach. Zu 80 Prozent plaudern Sie ganz zwanglos mit dem Kunden. Zeigt er von sich aus Interesse am Mailinginhalt, plaudern Sie ganz zwanglos eben darüber. Zeigt er keines, plaudern Sie über Gott und die Welt, die Arbeit und den nächsten Urlaub. Wenn der Kunde den Eindruck bekommt, dass Sie ihn nur anrufen, weil Sie ihm was verkaufen wollen, ist die Beziehung futsch.

### 5. Station: Spielen Sie den Gesprächsverlauf vorher durch.

Niemand springt in einen See, der vorher nicht schwimmen geübt hat. Aber viele greifen zum Telefonhörer, obwohl sie das Gespräch, das sie führen möchten, vorher nie in einem Rollenspiel geübt haben. So hört sich das Gespräch dann auch an. Der Kunde merkt das. Merke:

> Ein Marketing-Instrument ist nur so gut wie der Mensch, der es bedient.

Weil viele ExpedientInnen Probleme mit der Wortwohl im Gespräch haben, betrachten wir im Folgenden Musterformulierungen für zwei Anlässe.

## Musterformulierungen: Nachfass-Aktion

„Guten Tag Herr Müller, mein Name ist Stefanie Neuhaus vom Reisebüro Fernweh. Ich habe Ihnen in den letzten Tagen einen Brief mit ... (Thema des Mailings) geschickt. Darf ich fragen, ob er angekommen ist? ... Hatten Sie schon die Zeit, mal reinzuschauen? ... Wie hat Ihnen die Idee /das Angebot gefallen?“

Wenn Sie möchten, dass Menschen mit Ihnen reden, dürfen Sie keine geschlossenen Fragen stellen.

Also nicht: „Hat Ihnen der Inhalt gefallen?“ Denn darauf kann man nur mit Ja oder Nein antworten – ein Gespräch kommt so nicht zustande. Doch genau das ist Ziel Ihres Anrufs (nicht das Verkaufen oder Abfragen).

Was machen Sie, wenn dem Kunden das Mailing nicht gefallen hat? Das ist der Horror vieler ExpedientInnen und der Grund, warum viele Telefonmarketing fürchten. Der Grund ist haltlos. Denn es ist völlig egal, ob dem Kunden das Mailing gefallen hat oder nicht: Sie haben in beiden Fällen etwas davon. Wenn ihm das Angebot nicht gefallen hat, fragen Sie: „Warum hat es Sie nicht angesprochen?“ Was er darauf sagt, ist hoch interessant, weil es Ihnen hilft, Ihr Angebot speziell auf ihn maßzuschneidern.

Sie machen quasi eine Bedarfsanalyse: „Ah, Sie meinen, dass Sie nicht so gut Ski fahren können, um von den Wedelwochen profitieren zu können? Was würde Ihnen denn als Angebot für eine weiße Woche zusagen? ... Ach ja? ... Sie würden lieber nochmals einen Skikurs für ältere Anfänger machen, aber in einer lustigen Gruppe? Was müsste noch dabei sein?... Viel Rambazamba auf und abseits der Piste. Was noch? ... In einem Hotel mit allem drum und dran. Hört sich super an. Lassen Sie mich mal suchen. Wenn ich etwas Schönes finde, darf ich mich dann wieder bei

Ihnen melden?“ Keine Frage. Der Kunde findet es super, dass sein Reisebüro jetzt zu ihm nach Hause kommt. Die Abschlussquote beim Telefonmarketing dieser Art ist deshalb auch außergewöhnlich hoch.

## Musterformulierungen: Nachurlaubs-Anruf

Im Sinne des Beziehungsmanagements und der Qualitätssicherung empfiehlt sich bei A- und guten B-Kunden der Anruf nach dem Urlaub:

„Guten Tag Frau Beckum. Hier ist Tanja Groh vom Reisebüro Sansibar. Na, erzählen Sie mal, wie war's im Urlaub?“

Eine blöde Frage an dieser Stelle ist: „War alles zu Ihrer Zufriedenheit?“ Würden Sie es als Kunde wagen, auf diese Suggestivfrage hin mit Nein zu antworten? Ich wiederhole mich gerne: Bitte keine geschlossenen Fragen gegenüber Kunden (und anderen Menschen, an denen Ihnen was liegt). Am besten, Sie fangen mit etwas Unverfänglichem an und steigern sich dann:

„Wie war das Wetter? Wie hat es den Kindern gefallen? Haben Sie auch mal die Ruhe gefunden, die Sie gesucht haben? Wie war das Hotel? Wie waren die Zusatzangebote?“ Und zwischen den Fragen immer: aktiv zuhören, Zwischenfragen stellen, Rapport halten, aufscheinende neue Motive notieren – und etwaige Reklamationen so behandeln, dass sie nicht die Beziehung und das künftige Buchungsverhalten beschädigen.

## Passives Telefonmarketing: Den Kunden verwöhnen

Wie sehr hängen Sie an Ihrem Reisebüro? Sie würden es in den nächsten fünf Jahren gerne behalten? Dann empfehle ich Ihnen unbedingt einen Testanruf. Verstellen Sie die Stimme oder bitten Sie einen guten Bekannten in Ihrem Beisein in Ihrem Reisebüro anzurufen. Genehmigen Sie sich zuvor jedoch unbedingt einen Cognac oder einen doppelten Espresso. Es kann nämlich sein, dass Sie der Schock Ihres Lebens erwartet. Hier einige Äußerungen von AgenturinhaberInnen und ReisebüroleiterInnen, die das Experiment gewagt haben:

„Dass meine Leute so unfreundlich sind, hätte ich nicht gedacht."
„Die nuschelt fürchterlich! Ich habe nicht mal ihren Namen verstanden!"
„Als Kunde würde ich hier nie wieder anrufen."
„Ich schäme mich für mein Team."
„Warum läutet das achtmal, bevor einer abhebt?"

Wie schlimm es ums passive Telefonmarketing (das Reisebüro wird angerufen, ruft nicht selber an) bestellt ist, kriegen Sie nur über regelmäßige Testanrufe heraus. Oder wenn Sie hin und wieder von Ferne mithören, wenn Ihre ExpedientInnen telefonieren. Wichtig dabei:

Ihre Mitarbeiter begehen in jedem Kundengespräch schlimme Fehler. Hauen Sie ihnen diese nicht um die Ohren.

Bleiben Sie freundlich, pädagogisch und didaktisch einwandfrei. Loben Sie immer zuerst etwas, was der Mitarbeiter gut gemacht hat. Dann sprechen Sie nach den Grundsätzen der gewaltfreien Kommunikation vorwurfsfrei und vor allem freundlich den Missstand an und sagen dem Mitarbeiter, was Sie künftig von ihm erwarten. Was?

Es gibt wirklich nur eine einzige Erwartung, die Sie an Ihr aktives und passives Telefonmarketing stellen sollten: „Egal, wen wir anrufen oder wer uns anruft. Und egal, wie oft Ihr heute schon telefoniert habt. Nach jedem dieser Anrufe muss der Anrufer oder der Angerufene sagen: Meine Güte, sind die nett und freundlich! Die haben sich um mich gekümmert, als sei ich der wichtigste Mensch auf der Welt."

Predigen Sie dieses Mantra Ihren Mitarbeitern täglich dutzendfach. Warum? Weil das die Erwartung ist, die Kunden hegen. Was fehlt bei dieser Erwartung? Fachkompetenz. Kunden erwarten nicht, dass Ihre ExpedientInnen fachkompetent sind. Das setzen sie voraus. Deshalb beurteilen sie Ihre Mitarbeiter rein nach der Herzlichkeit und Kundenorientierung, die diese an den Tag legen. Leider gilt: Die meisten ExpedientInnen sind fachkompetent, nicht herzlich. Warum? Weil sie sich als ExpertInnen verstehen, nicht als Kundenbetreuer. Arbeiten Sie mit ihnen an ihrem Berufsverständnis. Und stellen Sie künftig nur noch Mitarbeiter ein, die fachkompetent sind und gleichzeitig „mit Menschen können". Denn in unserem Beruf geht es nicht um Reisen, sondern um Menschen.

# *Weitere Marketing-Instrumente*

## Schaffen Sie Synergien

Wir haben in diesem Kapitel über Tipps und Fallen beim Einsatz von Anzeigen und Handzetteln, bei der Schaufenstergestaltung, beim Direkt- und beim Telefonmarketing gesprochen. Dabei könnte leicht der Eindruck entstehen, dass die einzelnen Marketing-Instrumente alternativ eingesetzt werden könnten oder sollten. Das Gegenteil ist der Fall.

Viel hilft viel – was den Einsatz von Marketing-Instrumenten betrifft.

Je mehr Instrumente Sie einsetzen, desto größere Wirkung erzielen Sie. Wenn ein Kunde morgens Ihre Anzeige in der Zeitung liest und abends im Sport von seinem Übungsleiter Ihren Handzettel mit ein paar begleitenden Worten überreicht bekommt, dann erzielen Sie damit einen schönen Effekt, auch Synergie-Effekt genannt:

Das Ganze ist größer als die Summe seiner Teile.

Deshalb empfiehlt es sich, bei jeder Aktion den Einsatz Ihrer Marketing-Instrumente förmlich zu orchestrieren, ein komplettes Paket, ein Portfolio zusammen zu stellen, bei dem alle Elemente aufeinander abgestimmt sind und sich gegenseitig zu schöner Synergie ergänzen.

Setzen Sie für jede Aktion, für jedes Ziel so viele Marketing-Instrumente ein, wie Sie sich zeitlich und finanziell leisten können.

Aber: Verlieren Sie dabei den Überblick nicht. Für den Anfang empfiehlt es sich immer, klein anzufangen. Das heißt mit höchstens zwei, drei Instrumenten.

## Was Sie sonst noch tun oder lassen können

Werbegeschenke, neuhochdeutsch Give-aways, sind meist teuer und/oder einfallslos. Der Werbeeffekt ist in Bezug auf konkrete

Buchungen eher gering und steht in keinem Verhältnis zu Kosten und Aufwand. Trotzdem sollte man für die Beziehungspflege immer eine Kleinigkeit mit Firmenaufdruck und flottem Slogan haben, die man guten Kunden bei passendem Anlass schenken kann. Und für Kinder und Laufkundschaft einen kostengünstigen Massenartikel wie Luftballons, Lutscher, Bonbons oder ähnliches.

Bandenwerbung in Stadien und Sporthallen ist sündhaft teuer und ohne große Werbewirkung. Wenn ein Reisebüro dort wirbt, dann weniger wegen der Werbewirkung und eher, weil der Inhaber Sponsor des Vereins ist.

Auto-Folien sind ein absolutes Muss, und zwar nicht nur für Ihren Geschäftswagen, sondern auch für alle Autos aus Ihrem Verwandten- und Bekanntenkreis, deren Halter Sie zum Anbringen einer dezenten aber augenfälligen Folie überreden können. Es empfiehlt sich, übers private Netzwerk informelle Beziehungen zu einem Siebdrucker zu suchen. Dann bekommt man einen kompletten Satz (4 Folien) auch schon mal für unter 100 Euro zum Selbstkostenpreis.

Beschriftungen auf öffentlichen Nahverkehrsmitteln wie Busse und Bahnen sind zwar ähnlich stark werbewirksam wie Auto-Folien, doch meist zu teuer.

Eigene Homepage: Immer eine Kostenfrage, vor allem eine Frage der Total Cost of Ownership. Sie müssen die Seiten ja auch ständig pflegen und aktualisieren (lassen). Das kostet Geld und Mühe. Ab einer bestimmten Firmengröße muss man jedoch einfach eine eigene Page haben. Dann jedoch gilt: Gehen Sie einmal im Monat akribisch die Klick-Erfolgskontrolle durch und werfen Sie konsequent alles raus, was „kein Schwein liest“, wie es so schön heißt.

Plakate, Banner: Es gibt immer mehr leerstehende Industriegebäude in bester Lage mit riesigen Fassaden. Holen Sie mal ein Angebot über ein Dauerplakat oder -banner ein, überlegen Sie sich ein schönes Motiv und einen Slogan, den man im Vorüberfahren auch noch nach dem x-ten Mal lesen kann. Als Schaltkosten muss man oft nur die Erlaubnis des Hausverwalters (plus Kasten Bier) berappen. Die Werbewirkung ist dagegen besser (da länger) als an jeder offiziellen Plakatwand oder Litfaßsäule.

Einzelproduktprospekte taugen als Streumittel oder Stand Alone nicht. Sie sollten immer in eine Kampagne eingebunden sein. Es sei denn, es ist endlich mal einer der Werbe-Profis auf die glorreiche Idee gekommen, Einzelprospekte so zu konzipieren, dass sie tatsächlich ohne weitere Erläuterung eines geschulten Expedienten Buchungen akquirieren.

E-Promotion: Prüfen Sie die Möglichkeit, auf Homepages von anderen Unternehmen, Verbänden und Vereinen aus Ihrer Stadt und Region per Banner oder Link für sich zu werben – ohne dafür professionelle Tarife bezahlen zu müssen. Suchen Sie sich jene Seiten aus, die stark angeklickt werden.

Vereins- und Verbandszeitungen: Inserieren Sie dort nur, wenn die Tarife stimmen und Sie eine wirklich knackige Anzeige präsentieren können. Möglichst eine, die textlich und bildhaft Bezug nimmt auf das Thema der Veröffentlichung. Leser honorieren es nicht, wenn sie mit der 08/15-Version abgespeist werden. Beispiele:
„Jeder Urlaub ein Volltreffer“ – Slogan einer Reisebüro-Anzeige im Schützenblatt.
„Sie kennen uns – wir kennen Sie. Ist es nicht ein gutes Gefühl, die schönsten Tage im Jahr bei Menschen zu buchen, die Sie ein ganzes Leben lang kennen?“ Text einer Anzeige im Gemeindeblatt eines kleinen Orts auf der Fränkischen Alb.

Trikot-Werbung: Ein echter Geheimtipp – und ein Paradebeispiel für Synergie aus Werbung und Beziehungsmanagement. Es gibt so viele notleidende Sportvereine, deren Jugend- und andere Mannschaften in alten, abgerissenen Trikots spielen müssen. Denen erscheinen Sie als Retter in der Not, wenn Sie als Sponsor für einen Dress einspringen. Die Kostenseite ist ideal: Als Sponsor müssen Sie nicht den kompletten Dress übernehmen. Jeder Betrag ist dem Verein willkommen. Die Werbewirkung Ihres Trikot-Aufdrucks und eventuell das Bild in der Zeitung ist dabei noch nicht einmal das Entscheidende. Entscheidend ist, dass Sie beim nächsten Heimspiel in Absprache mit dem Trainer einige Kästen Limo und eine kleine Stärkung für die Jungs oder Mädels bereit halten und sich dann persönlich bei den begleitenden Eltern vorstellen. Sie erscheinen den Eltern freundlich, offen, umgänglich – und sind der Sponsor ihrer Kids! Das macht es den Eltern fast unmöglich, bei der nächsten Reise zum Mitbewerb oder ins Internet zu gehen. Erfolgreiches Marketing ist immer mehr als bloß Marketing-Instrumente einzusetzen. Beim Marketing geht es nicht um Instrumente und Umsatz, sondern um Menschen. Nur menschliches Marketing ist nachhaltig erfolgreich.

Persönliche Beziehungen schlagen beim Kauf alle anderen Faktoren.

Wie Preis, Qualität oder Zeit. Einen guten Freund lässt man nicht hängen – auch wenn er etwas teurer ist als das Internet. Dafür kann man sich auf ihn verlassen. Immerhin kümmert er sich um die Jugend! Wenn das so gut funktioniert, warum machen das dann zum Beispiel nur so wenige lokale Einzelhändler? Weil Marketing im Einzelhandel noch ein Fremdwort ist. Deshalb geht es ihm so schlecht (und nicht wegen der Kaufzurückhaltung der Konsumenten).

# 6 Die Kundenveranstaltung

## Ein Geheimtipp

Manche sagen auch Event zur Kundenveranstaltung. Egal, wie Sie es nennen, gemeint ist damit jede Veranstaltung, zu der Kunden eingeladen werden. Das machen Sie eher selten? Dann sind Sie in guter Gesellschaft. Dieses Marketing-Instrument wird aus zwei Gründen weniger oft eingesetzt:

- Ein Event macht Arbeit.
- Ein Event ist riskant: Sie machen sich viel Arbeit und dann kommt keiner.

## Wer wagt, gewinnt

Dass so wenige Reisebüros Events einsetzen, ist schade – oder richtig gut. Denn wenn so wenige die Vorteile von Kundenveranstaltungen erkannt haben, können Sie damit richtig absahnen. Wenn eine Kundenveranstaltung nämlich professionell durchgezogen wird

- hat sie durchschlagenden Erfolg: Die Kunden kommen, sehen und buchen in den Tagen nach der Veranstaltung. Kaum ein anderes Marketing-Instrument hat diesen Instant-Erfolg.
- ist sie eines der besten Instrumente des Beziehungsmanagements (s. Kapitel 8). Sie bindet alte und erschließt neue Kunden und Umsatzpotenziale.

Das hört sich attraktiv an? Dann lassen Sie uns über die Voraussetzungen für den Erfolg einer Kundenveranstaltung reden. Eigentlich gibt es nur eine:

Vorbereitung ist alles. Mit einer professionellen Vorbereitung sorgen Sie dafür, dass die Eingeladenen auch kommen und vom Gebotenen so begeistert sind, dass sie danach zu einem Gespräch ins Reisebüro kommen.

Die Organisation einer Kundenveranstaltung ist prinzipiell nicht schwierig. Man braucht dafür nur drei Schritte:

1. Schritt: Bei den Eingeladenen Interesse zum Besuch des Events wecken
2. Schritt: Auf der Veranstaltung den Buchungswunsch aktivieren
3. Schritt: Nachfassen mit Terminvereinbarung

## Wecken Sie Interesse!

Was würden Sie sagen, wenn Sie den Satz hören (oder sagen!) würden: „In zwei Wochen veranstalten wir unseren nächsten Event!“ Schön? Prima? Gut fürs Business? Katastrophal?

Eher letzteres. Denn in zwei Wochen plant und organisiert niemand einen Event – wenigstens keinen erfolgreichen.

Das Wichtigste bei der Vorbereitung einer Kundenveranstaltung ist ausreichend Vorlaufzeit.

Natürlich kommt es immer auf Art und Größe des Events an. Doch im Schnitt sollten Sie eher mit zwei Monaten als mit zwei

Wochen Vorlauf rechnen. Es gilt die Daumenregel: Lieber länger als kürzer. Daraus ergibt sich bereits, für welche Reisebüroleiter ein Event ungeeignet ist:

1. Operative Hektiker, die „schnell irgendwas machen“ wollen.
2. Führungskräfte mit dem Motto „Wir müssen unbedingt mal wieder was mit den Kunden machen!“

Wer mit einem dieser beiden Gedanken im Kopf an ein Event denkt, sollten diesen Gedanken schnell ad acta legen. Wenn man nach diesen beiden Ruckzuck-Strategien Anzeigen oder Handzettel plant, ist der Schaden nicht groß (es sei denn im Wiederholungsfall). Wenn man mit dieser oberflächlichen Herangehensweise jedoch einen Event plant, ist der Image-, Flur- und Marktanteilsschaden dagegen immens. Oder wie eine beherzte Reisebüroleiterin das mal ausdrückte: „Ein Event ist kein One-Night-Stand, sondern eine etwas tiefergehende Affäre!“ Also sollte man auch entsprechende Aufmerksamkeit darauf verwenden.

## Was ist interessant?

Die Eingeladenen folgen Ihrer Einladung nur dann, wenn sie (nicht Sie!) Einladung und Thema des Events interessant finden. Was finden Kunden interessant? Das ist die zentrale Marketingfrage. Die Antwort darauf: Das hängt von der Zielgruppe ab. Daher:

1. Zielgruppe auswählen: Laden Sie nicht ein, wer Lust hat, sondern wer potenziell buchen will und kann. Laden Sie eher speziell statt generell ein, das heißt nicht nach breit definierten („Sommerurlaub“), sondern nach eng definierten Buchungs-

motiven („Trecking, Walking, Biking und Climbing in den Rockies!“).

2. Listen Sie die Urlaubsmotive dieser ausgewählten Zielgruppen auf. Damit schaffen Sie Ihre Grundlage für Attraktivität.
3. Passen Sie Ihren Event maßgeschneidert auf diese Motiv an.
4. Ziele definieren: Wieviel Buchungen streben Sie an? Wieviel Terminvereinbarungen? Wie viele nicht terminierte Folgebesuche von Kunden? Welche Buchungssumme in toto? Wieviel Gäste müssen zur Kundenveranstaltung kommen, damit Sie diese Ziele erreichen?
5. Hochrechnung: Wie viele Gäste müssen Sie einladen, damit Sie auf die erforderliche Besucherzahl kommen?

So simpel diese fünf Schritte erscheinen, der ungeschulte Marketing-Amateur tappt dabei in viele Fallen. Räumen wir die häufigsten aus.

## Einladen, nicht verkaufen!

Viele Marketing-Amateure scheitern schon bei der Einladung. Sie laden viele ein, doch nur wenige kommen. Warum? Weil viele Führungskräfte Marketing mit Verkauf verwechseln:

> In einer Einladung zu einem Event hat das Angebot noch nichts zu suchen!

Sonst denken Ihre Kunden doch nur: „Die wollen mir bloß wieder eine Reise andrehen!“ Auf der Einladung haben Reise-Angebote also nichts zu suchen. Auch kein Slogan wie „Urlaub in Spanien!“. Das ist ein Angebot, das nicht attraktiv ist, sondern abschreckt, weil der Kunde richtigerweise den Verkauf dahinter vermutet. Attraktiv ist zum Beispiel: „Spanien – abseits der Trampelpfade!“ Das spricht alle Kunden an, die das Urlaubsland einmal quasi als Entdecker auf ungewöhnliche Weise kennenlernen wollen. Und diese kommen dann auch zur Kundenveranstaltung.

Ihre Einladung sollte Appetit machen nicht für ein spezielles Angebot, sondern für ein Land, eine Region, eine Tätigkeit (Golfen, Skifahren, Trecking, Wellness, ...).

## Ziele definieren und planen

Um ehrlich zu sein: Die meisten Events werden ohne Ziele abgehalten. Der Reisebüroleiter hat im Normalfall keine Ziele, sondern Wünsche: „Es soll den Leuten gefallen und es sollen auch ein paar Buchungen hängen bleiben.“ Das ist kein Marketing, das ist Wunschdenken. Und Wünsche sind etwas für den Weihnachtsmann. Falls Sie nicht auf diesen warten wollen, stellen Sie Ihre Zielplanung vom Kopf auf die Füße:

1. Welche Buchungssumme streben Sie an? Nehmen wir mal an, nur um eine Zahl zu nennen: 20 000 Euro.
2. Wie viele Buchungen sind Ihrer Erfahrung nach beim geplanten Angebot dafür nötig? Nehmen wir weiter an, Sie kommen für unser Beispiel auf circa 17 Buchungen.
3. Dann ergibt sich daraus sofort die nächste Frage: Wenn X (hier: 17) Gäste buchen, wie viele müssen dann zum Event kommen? Das setzt voraus, dass Sie Ihre Hit Rate kennen: Wenn 50 Kunden auf ein Event kommen, buchen nicht auch 50 Kunden, sondern höchstens ... (Ihr Erfahrungswert). Nehmen wir mal an, Ihre Hit Rate für Events liegt bei 20%. Dann

müssten für 17 Buchungen 17 x 5 = 85 Gäste den Event besuchen. Woraus sich die nächste Frage ergibt:

4. Wie viele Kunden müssen Sie einladen, damit X (hier: 85) der Einladung folgen?

Wenn ich diese Planungsstaffel auf Workshops mit Führungskräften anhand von konkreten Events durchrechne, sagen viele danach: „Meine nächste Veranstaltung kann ich vergessen. Die kriege ich ja nie voll!“ Andere sagen: „Hätte ich diese Rechnung vor unserer letzten Aktion aufgemacht, wäre uns gleich klar geworden, dass das so nicht funktioniert. Wir hätten uns viel Ärger und vergebliche Liebesmüh‘ gespart!“

Wer rechnen kann, tut sich leichter mit dem Marketing.

Trotzdem bleibt die Frage: Wie bekommen Sie bei Ihrer nächsten Veranstaltung die Bude voll?

## Die Bude voll bekommen

Ziehen wir zum Vergleich eine Hit Rate aus dem Marketing-Lehrbuch heran: Ein unselektiertes Mailing hat ungefähr 1 bis 3% Erfolg. Das heißt: Sie müssten 2800 bis 8500 Kunden einladen, damit 85 tatsächlich der Einladung folgen. Das ist nahezu unmöglich.

Die meisten Reisebüros haben gerade mal so viel (wenn überhaupt!) Kunden in ihrer kompletten Kundendatei. Selbst wer nicht auf diese Weise hochrechnet, kommt schnell zum Schluss, dass er gar nicht so viele Leute einladen kann, wie er eigentlich für einen zufriedenstellenden Besuch braucht. Also werden so viele Leute wie möglich eingeladen – und das sind meist sämtliche mit Adresse gelisteten (Stamm)Kunden. Das ist eine Milchmädchen-Rechnung, die nicht aufgeht:

Sie sollen nicht so viele Leute wie möglich einladen, sondern die richtigen!

Um bei unseren Event-Beispielen zu bleiben: Eben nicht alle Stammkunden interessieren sich für Biking oder Trecking in den Rockies oder für Spanien abseits der Trampelpfade.

Wenn Sie Leute einladen, die nicht zur Event-Zielgruppe zählen, vernichten Sie richtig Geld.

Die Frage lautet also: Wie bekommen Sie die richtigen Leute in der richtigen Anzahl?

## Die richtigen Leute in der richtigen Zahl

Um die richtigen Leute zu bekommen, zahlt es sich aus, alle Hebel in Bewegung zu setzen:

1. Selektieren Sie Ihre Kundendatei: Welche Kunden passen zur aktuellen Event-Zielgruppe? Wählen Sie sie aus und mailen Sie sie an.
2. Verteilen Sie Handzettel für den Event an den Marktplätzen und Wasserstellen der Event-Zielgruppe. Für den Spanien-Event zum Beispiel in allen Spanischkursen der Volkshochschule, in Buchläden und südländischen Restaurants.
3. Gewinnen Sie die lokalen und regionalen Redakteure und versorgen Sie sie mit einem PR-Beitrag (s. Kapitel 7).
4. Wenn es sich rechnet: Schalten Sie eine Event-Anzeige.

5. Aktivieren Sie Ihr Netzwerk: Wer kennt wen, den das Event-Thema interessiert? Geben Sie diesen Personen einige Handzettel mit, die sie verteilen können.
6. Gewinnen Sie Meinungsführer für Ihren Event und statten Sie diese mit ausreichend Handzetteln aus.
7. Suchen Sie die Kooperation mit anderen Geschäftsleuten, um an deren Stammkunden zu kommen. Das nennt man übrigens Cross Marketing.

## Die Kooperation mit Partnern

Es erhöht zwar etwas den Koordinationsaufwand, doch dafür auch beträchtlich Ihre Erfolgsaussichten, wenn Sie mit anderen Geschäften kooperieren. Beispiele:

- Ein Reisebüro hält seinen Event „Powder-Skiing in Kanada" in einem Sportfachgeschäft ab, das dafür einen Crash-Wachskurs zum Abendprogramm beisteuert. Der örtliche Apotheker hält ein Kurzreferat über den richtigen Sonnenschutz in hochalpinem Gelände (Verkaufsstand mit dabei). Und eine Ski-Firma schickt einen Ex-Abfahrts-Champion, der jetzt in Kanada Tourenführer ist.
- Ein anderes Reisebüro veranstaltet eine Ladies' Night mit Dessous-Modenschau (Kooperationspartner: Modehaus), Männerstrip (Sportstudio), Schmuck-Ausstellung (Juwelier), Kosmetik (Parfümerie) und den schönsten Wellness-Urlauben (das Reisebüro selbst). Selbstredend ist Männern der Zutritt verboten (es sei denn, sie strippen). Der Erfolg der Veranstaltung ist so gigantisch, dass die Karten binnen einer Woche ausverkauft sind und eigentlich zwei Veranstaltungen nötig wären. Und das alles mit einem Mini-Budget.

Gutes Marketing braucht kein Riesenbudget, sondern lediglich gute Ideen und guten Willen.

Der Effekt solcher Kooperationen liegt auf der Hand: Alle haben mehr davon. Die Gäste kommen eher und zahlreicher, weil ihnen so viel mehr geboten wird. Und jeder der Kooperanten hat mehr davon, als wenn er solo fliegt.

## Watt soll dat kosten?

Ein Symptom des niedrigen Bildungsstands in Sachen Marketing ist, dass immer noch und immer mal wieder die Diskussion aufflammt: Soll, ja darf ein Event Eintritt kosten? Das Marketing-Prinzip dazu ist eindeutig:

Watt nix kostet, ist auch nix wert.

Die Ladies‘ Night kostete satte 14 Euro Eintritt. Damit lag sie in der Bandbreite zwischen 10 und 20 Euro, die man für solche Events nehmen kann. „Trotz“ dieser 14 Euro war die Bude gerammelt voll. Das verstehen Reisebüroleiter nicht, die angebotsorientiert denken: „Das ist doch viel zu teuer! Wie können die Leute nur so viel Geld für sowas ausgeben?“ Wer nicht angebots-, sondern kundenorientiert denkt, kennt die Antwort: „Weil es ihnen das wert ist!“ Für diese 14 Euro wurde den Ladies nämlich mächtig was geboten. Viele sagten: „Dieser Abend wäre mir auch das Doppelte wert gewesen.“ Nur um das nochmals in aller Deutlichkeit klar zu machen:

Der Eintrittspreis ist nicht dafür da, dass Sie Reibach machen oder auch nur Ihre Kosten decken (die decken Sie über die Buchungen). Er ist dafür da, dass die Leute kommen. Denn wenn es was kostet, muss es ja was Gutes sein (denkt der Kunde).

Wenn es was kostet, ist es (in den Augen des Kunden) keine Werbeveranstaltung, sondern eine „richtige“ Veranstaltung. Außerdem:

Wenn es keinen Eintritt kostet, kommen doch nur zielgruppenfremde Leute! Jene, die alles mitnehmen, was nichts kostet.

## Verbindliche Anmeldung ja oder nein?

Worauf tippen Sie? Klar auf ja. Aus zwei Gründen:

1. Sie müssen planen können, wieviel Leute kommen.
2. Wofür man sich nicht verbindlich anmelden muss, ist auch nichts wert (denkt der Kunde und besucht nicht).

Natürlich gibt es auch Ausnahmen. Wenn Sie zum Beispiel die berühmte Schneebar in der Fußgängerzone aufbauen, gibt es natürlich keine verbindliche Anmeldung.

## Event vs. Verkauf

Marketing-Amateure wenden gegen Events oft ein: „Ich möchte meine Kunden bei so einer Veranstaltung doch nicht über den Tisch ziehen.“ Ich überlege mir ernsthaft, ob ich demnächst einen solchen Bedenkenträger nicht mal wegen Rufmordes verklagen sollte ... Denn was dieser Einwand unterstellt, ist doch, dass bei Events in der Touristik Kunden über den Tisch gezogen werden. Dass solche Events nicht besser sind als Kaffeefahrten, bei denen alten Omis am Ende ein Kuli in die gichtgekrümmten Finger gezwängt und sie zur Unterschrift für den Kauf von Heizdecken und Teflonpfannen genötigt werden.

Vorige Woche hat einer in München mit einem Kochtopf seine Frau geschlagen. Heißt das, dass Sie künftig nie wieder einen Kochtopf berühren werden?

Dass böse Menschen ein Instrument missbrauchen, heißt doch noch lange nicht, dass das Instrument an sich verwerflich ist. Instrumente können gar nicht böse sein. Nur die Menschen, die sie falsch gebrauchen. Natürlich ist der Einwand, auf Events würden Kunden genötigt, nur eine Ausrede schlichter Gemüter (die sich davor drücken wollen, selbst einen Event zu veranstalten). Denn wenn auf Events Kunden genötigt würden, würden spätestens beim zweiten Mal keine Kunden mehr auf einen Event kommen. Ein Event

- soll keine Buchungen beim Event selbst auslösen, sondern einen Buchungswunsch wecken.
- soll die Besucher „heiß" auf ein bestimmtes Urlaubsthema machen.
- soll die Besucher in den Tagen nach dem Event ins Reisebüro zu einem Beratungsgespräch führen.

## Die Kunst der Pausengestaltung

Events sind viel unkomplizierter, als sie von notorischen Bedenkenträgern manchmal gemacht werden. Man muss nur plastisch und bildhaft genug über ein Urlaubsthema reden, damit das Publikum automatisch glänzende Augen bekommt. Urlaub ist wie guter Sex: Man kann einfach nicht genug davon kriegen. Alle Menschen mögen Urlaub. Urlaub verkauft sich fast von alleine. Man muss nur eloquent darüber reden. Dann sind die Zuhörer am Ende eines Event-Vortrags (besser: Präsentation) automatisch Feuer und Flamme für das Event-Thema. Dann nehmen sie auch gerne am Ende des Vortags die Prospekte für diverse Reiseangebote mit. Aber Vorsicht:

Wenn das Ende des Vortrags auch das Ende des Events ist, können die Leute noch so begeistert für Ihr Thema sein: In der einsetzenden Aufbruchsstimmung läuft jeder an Ihrem Info-Stand mit den Prospekten vorbei in Richtung Ausgang, ohne einen mitzunehmen.

Deshalb: Planen Sie Ihren Event mit zwei bis drei kleinen Pausen, in denen Ihre Gäste zwanglos an Ihrem Info-Stand vorbeischauen und sich mit Prospekten eindecken können. Es gibt auch immer wieder Gäste, die so begeistert sind, dass sie an Ort und Stelle buchen möchten. Dann tun Sie ihnen natürlich weitestgehend den Gefallen. Des Kunden Wille ist uns schließlich oberstes Gebot.

## Ihr Team am Stand

Es versteht sich auch von selbst, dass Sie diesen Info-Stand mit Ihren besten ExpedientInnen besetzen. Beste im Sinne von: Sie wirken auf den ersten Blick sympathisch und sind perfekt im Einfädeln von zwanglosen Gesprächen. Sie vermissen bei diesem Kurz-Anforderungsprofil die Fachkompetenz? Dann sind Sie schon ein alter Marketing-Profi. Denn für die Position am Stand ist Fachkompetenz zwar nett, aber nicht ausschlaggebend.

Viel wichtiger ist, dass die ExpedientInnen nicht explizit verkaufen, nicht bloß Prospekte verteilen, sondern auf der Begeisterungswelle der Gäste surfen und auf diese begeisterten Gesprächsangebote eingehen können. Kommunikationstheoretisch ausgedrückt: Sie müssen gut spiegeln, einwandfrei Rapport herstellen und halten können, perfekt auf ein Gesprächsangebot eingehen können. Die Prospekte verteilen sie quasi nur nebenbei. In der Hauptsache gehen sie auf die Begeisterung der Gäste ein; ungefähr so:

Gast: „Ich hätte nie gedacht, dass man Aktivurlaub und Entspannen in Frankreich so gut unter einen Hut bringt. Das wäre ja was für mich und meine Frau. Ich möchte immer möglichst viel Bewegung, aber sie möchte immer nur die Landschaft genießen." Expedientin: „Dann haben Sie ja die ideale Lösung gefunden. Die Landschaft Frankreichs ist teilweise noch völlig unentdeckt. Und die Sportangebote sind einmalig in der Welt. Ich sage nur: Radeln auf den Spuren der Tour de France. Da kriegen Sie mehr Bewegung als in jedem anderen Aktivurlaub. Und Ihre Frau sieht dabei eine der schönsten Landschaften Europas. Ohne auch nur einmal in den Sattel steigen zu müssen. Was ist Ihnen und Ihrer Frau denn noch wichtig an einem gelungenen Urlaub?" Und mit dieser letzten Frage sind Sie auch schon in einem zwanglosen Beratungsgespräch.

Es ist auch völlig klar, dass so ein persönliches Gespräch am Stand niemandem aufgezwungen wird.

Deshalb müssen die ExpedientInnen so gut sein: Sie machen das eher zwanglos.

## Das Event-Portfolio

Natürlich sollten Ihre Angebote zum Event passen. Klingt trivial, wird aber immer wieder missachtet:

- Es sind zu viele Angebote. Der Kunde verliert die Orientierung ob der Fülle. Maximal drei bis fünf sind genug. Hier gilt die Maxime: Weniger ist mehr.
- Die Preisspanne sollte zielgruppen-abdeckend sein. In normalen Zielgruppen heißt das: ein Angebot für Betuchte, eines für Normalos und eines für den schmalen Geldbeutel.
- Ein echter Marketing-Clou sind Angebote, die es nur auf diesem Event und nicht im normalen Tagesgeschäft gibt. Sogenannte Event-Specials.
- Die Angebote müssen wie die Faust aufs Auge auf das Event-Thema passen. Man kann nicht einen Multimedia-Vortrag über die Camargue veranstalten und dann Reisen in die Bretagne anbieten – nur weil das „ja auch Frankreich ist".

## Do's and Dont's für Events

- ❑ Übernehmen Sie sich nicht! Lieber kleiner anfangen und allmählich steigern. Buchen Sie für Ihren ersten Event nicht gleich die Allianz-Arena.
- ❑ Fangen Sie vor allem deshalb klein an und steigern Sie sich allmählich, um Erfahrungen zu sammeln. Erfahrungen sind der sicherste Garant für Event-Erfolg.
- ❑ Erfahrungen können Sie nur sammeln, wenn Sie nach jedem Event eine Manöverkritik abhalten und zusammen mit Team und idealerweise auch einigen Gästestimmen die vier berühmten Fragen klären:

  1. Was kam gut an, muss also unbedingt beibehalten werden?
  2. Was kam nicht so gut an?
  3. Was müssen wir also besser machen?

4. Was hat es gekostet und was hat es an Buchungssumme gebracht?

- Es versteht sich von selbst, dass diese Manöverkritik schriftlich dokumentiert werden muss – sonst macht man beim nächsten Mal doch nur wieder dieselben Fehler.
- Buchen Sie Referenten nie blind! Das geht immer in die Hose, auch wenn der Referent einen noch so guten Ruf hat. Besuchen Sie vorab stets exakt die Präsentation (keine andere!), die er auch bei Ihnen halten soll.
- Machen Sie Ihre ExpedientInnen auf dem Event erkennbar. Nicht nur durch das obligatorische Namensschildchen. Das erkennt man aus fünf Metern Entfernung nicht. Geben Sie eine Kleiderordnung aus: einheitliche Farbwahl und Art der Kleidung. Am besten in Ihren Unternehmensfarben (Sie haben doch hoffentlich welche). Dann sieht der Gast schon aus zehn Meter Entfernung, wen er ansprechen kann, wenn er eine Frage hat.
- Trainieren Sie mit Ihren ExpedientInnen in Rollenspielen die offene Körpersprache bei solchen Events. Etliche ExpedientInnen nehmen unbewusst eine geschlossene Körperhaltung ein, wenn sie unter vielen Menschen sind. Das Event muss auch menschlich ein Erlebnis sein (s. Kapitel 8).
- Geben Sie Verhaltensregeln für Ihre Mitarbeiter aus. Wenn ich Events besuche, stelle ich immer wieder fest, dass Mitarbeiter interne Meetings auf der Kundenveranstaltung veranstalten – anstatt sich um ihre Gäste zu kümmern!
- Ohne Training (Rollenspiele, Einstellungsarbeit) können Sie Ihren Mitarbeitern das jedoch nicht austreiben.
- Bei hartnäckigen Fällen: Schulen lassen.
- Seien Sie selbst und alle Ihre MitarbeiterInnen perfekte Gastgeber: freundlich, warmherzig, offen, um die Gäste bemüht –

nicht um die Buchungen (die kommen automatisch, wenn Sie gute GastgeberInnen sind).

- Geben Sie sich lieber nicht wie Reisebüro-ExpedientInnen, sondern eher wie die Inhaberfamilie einer Urlaubspension: gastfreundlich, herzlich, ständig um das Wohl der Gäste bemüht.
- Also nicht in erster Linie: seriös, fachkompetent, expertenhaft. Niemand mag Oberlehrer wirklich.
- Das erfordert meist eine gewisse Umstellung, Einstellungsarbeit, Training und viel Erfahrung.
- Erfassen Sie für Ihre Nachfass-Aktion (s. Kapitel 5, Abschnitt Telefonmarketing) möglichst alle Adressen der anwesenden Gäste per Tombola, Preisausschreiben, Teilnehmerliste oder anderen Mitteln.
- Lesetipp: Roland Bischof, „Event-Marketing". Ein ganz kleines Büchlein zur schnellen und fundierten Lektüre. Sehr zu empfehlen.

## Fassen Sie nach!

Kommt Ihnen bekannt vor? Dann haben Sie langsam den Marketing-Dreh raus: Nach möglichst jeder Marketing-Aktion folgt die Nachfass-Aktion. Aufgrund der erfassten Gäste-Adressen fassen Ihre hoffentlich bestens gebrieften ExpedientInnen die Gäste telefonisch nach:

1. „Wie hat es Ihnen gefallen? Was hat Ihnen besonders gefallen? Wie war in Ihren Augen die Organisation? Was könnte man beim nächsten Mal besser machen?"
2. „Wie fanden Sie das Thema? Liegt Ihnen das Urlaubsziel?"

3. Wenn ja: Bitte wie immer nicht die Reise am Telefon zu verkaufen versuchen, sondern einen Gesprächstermin im Reisebüro ausmachen.
4. Wenn nein: „Warum nicht? Was liegt Ihnen eher?“ Taucht eine Alternativnennung gehäuft auf, eventuell einen Event zu diesem Thema planen.

Das hört sich fast schon machbar an? Eben. Nachfassen ist viel stärker Beziehungsmanagement (s. Kapitel 8) als Verkaufen. Ihre ExpedientInnen sollen beim Nachfassen nichts verkaufen, sondern lediglich die Beziehung pflegen und eventuell geweckte Bedürfnisse mit einer Terminvereinbarung verbinden. Wenn Sie ihnen das nur oft genug sagen, verlieren sie auch die Angst vor dem Nachfassen. Denn dann ist der Verkaufsdruck raus. Nur wer ohne Druck (aber mit Ziel!) verkauft, verkauft gut.

## Was es bringt

Es gibt Reisebüros, die in ihrem Firmenleben nie einen einzigen Event veranstalten. Das ist schade. Denn erstens beleben Events das Geschäft nachdrücklich. Zweitens sind sie eine ideale Teambildungs-Maßnahme – wenn Sie sie als solche auffassen und moderieren. Und drittens bringt ein Event Sie und Ihre ExpedientInnen Ihren KundInnen auf eine Weise näher, die einmalig ist.

> Wer einmal einen erfolgreichen Event veranstaltet hat, macht das immer wieder.

Denn es macht einfach einen Riesenspaß und ist gut fürs Geschäft. Es gibt Reisebüros, die machen sechs bis zehn Events im Jahr und holen damit über 50 Prozent Ihres Umsatzes. Ganz zu schweigen von der Imagewirkung und den Spill-over- und Carry-over-

Effekten (so ein Event befruchtet auch alle anderen Marketing-Maßnahmen und wirkt lange nach).

Events haben eine Art Club-Med-Effekt: Man kommt zusammen und hat Spaß miteinander.

Ein Kunde sagte mal auf so einem Event: „So ein netter Abend ist fast schon wie ein Kurzurlaub.“ Genau das ist das Erfolgsrezept. Sei nett zu deinen Kunden, biete ihnen etwas Außergewöhnliches – und sie buchen auch.

# 7 Public Relations

## *PR-Beiträge in der Tageszeitung*

### PR ist besser als Anzeigen

Wann stand Ihr Reisebüro das letzte Mal in der Zeitung? Nein, nicht mit einer Anzeige, sondern mit einem redaktionellen Beitrag. Ist schon lange her? Sie verfolgen Ihre PR-Arbeit nicht unbedingt mit Vorrang? Dann sind Sie in guter Gesellschaft.

Sehr viele Reisebüros schalten Anzeigen. Aber nur wenige kümmern sich ebenso intensiv um ihre PR. Dabei ist PR besser als jede Anzeige,

1. weil PR im Vergleich zu Anzeigen nichts kostet.
2. weil PR viel besser wirkt als Anzeigen: Redaktionelle Beiträge sind in den Augen der Leserinnen und Leser ehrlicher, glaubwürdiger und vertrauenswürdiger, weil sie keine Werbung sind.
3. weil PR eher gelesen wird als Anzeigen.
4. weil PR stärker und länger im Gedächtnis behalten wird.
5. weil PR auch von jenen Zielgruppen gelesen wird, die sich nicht unmittelbar mit einem Buchungswunsch tragen.
6. weil PR stärker imagebildend ist.

Wenn PR so viel besser ist als Anzeigen, warum kümmern sich Reisebüroleiter dann nicht intensiver um ihren PR-Auftritt? Das hat gute Hinderungsgründe. Diese Hindernisse räumen wir im Folgenden aus. Übrigens:

Dass so wenige Reisebüros willens und fähig zur PR-Arbeit sind, ist ein großer Vorteil für Sie: Wenn Sie als einer der wenigen PR betreiben, verschaffen Sie sich damit einen wertvollen Wettbewerbsvorsprung.

## Ein Instrument für Intelligente

Viele Touristik-Führungskräfte haben ein Wahrnehmungsproblem mit der PR: Sie wirkt so unscheinbar und indirekt, dass man ihre Wirkung leicht übersehen kann. Immer wieder sagen mir Reisebüroleiter: „Was bringt das schon, wenn wir in der Zeitung stehen?" Einiges, aber das muss man erst einmal sehen.

Wenn Reisebüro X fünfmal im Jahr in der Zeitung steht und Reisebüro Y nur einmal, dann ist Reisebüro X im Kopf der Zeitungsleser zu etwas geworden, was die Amerikaner Household Name nennen: jeder kennt das Reisebüro. Das andere nimmt man gar nicht mehr wahr. Wie hieß es noch gleich? Selbst wenn das andere eine Anzeige schaltet, wird diese kaum wahrgenommen, weil die durch das Household-Branding geprägte selektive Wahrnehmung der Zeitungsleser die Anzeigen des anderen Reisebüros einfach übersieht. So mächtig kann PR sein.

Diese Wirkung entwickelt sie jedoch nicht nach einem einzigen PR-Beitrag, sondern nach vielen, regelmäßig abgedruckten. Das macht sie zu einem Instrument für Intelligente: Diese Einsicht in die notwendige Nachhaltigkeit und diesen langen Atem muss man zuerst einmal mitbringen, um mit der PR Erfolge zu erzielen. Andererseits ist das nur gerecht: Wer intelligenter als der Mitbewerb ist, soll auch bessere Geschäfte machen.

## Ganz von vorne: Anzeige ist nicht Redaktion

Die meisten Reisebüroleiter kennen ihre Lokalzeitung nur von „der Anzeige", also der Anzeigenabteilung. Das ist für sie „die Zeitung". Deshalb finden sie nichts dabei, ihren Anzeigenverkäufer auch mal auf einen redaktionellen Beitrag anzusprechen. Böser Fehler! Und das gleich unter mehreren Aspekten:

- Zwischen Anzeige und Redaktion herrscht in allen Zeitungen der Welt ein stiller Krieg, seit Gutenberg den Druck mit beweglichen Lettern erfand.
- Weil dem so ist, wird der Anzeigenverkäufer einen Teufel tun und Ihre Anfrage nach einem PR-Beitrag an den zuständigen Redakteur weitergeben. Er wird Ihre Anfrage schlicht unter den Tisch fallen lassen, sobald Sie zur Tür raus sind.
- Selbst wenn er Ihre Anfrage weitergibt, ist das schlecht für Sie, weil alle Redakteure der Welt mit dem stillen Makel leben, lediglich „das anzeigenfreundliche redaktionelle Umfeld" der Zeitung zu sein, wie Tucholsky das ausdrückte. Der Redakteur ist der Eunuch der Zeitung: Bringt keinen Cent, kostet bloß und lebt auf Kosten der Anzeige, die die ganze Kohle ranschafft. Denn von den Abonnements und den Kiosk-Verkäufer kann keine Zeitung leben. Das heißt: Der Redakteur hasst alles, was von der Anzeige reinkommt und schmeißt es mit dem Ausdruck tiefster Genugtuung gerne in den Papierkorb.

Das ist die Regel. Es gibt auch Ausnahmen. Wenn Ihre Lokalzeitung eine dieser Ausnahmen ist, beglückwünschen Sie sich. Wenn nicht, sollten Sie anders vorgehen.

## Sprechen Sie die Redaktion an

Um es in aller Deutlichkeit zu sagen: Die Ansprechpartner für Ihre PR-Beiträge sitzen in der Redaktion, nicht in der Anzeige. Also sprechen Sie die Redaktion direkt an, nicht die Anzeige. Lassen Sie sich von der Anzeige auch nicht empfehlen – das schadet eher, das nützt nicht.

Wenn Sie mit der Redaktion sprechen, vermeiden Sie auf jeden Fall das Argument: „Ich schalte bei euch immerhin für ... Euro jährlich Anzeigen. Also bringt auch mal was Redaktionelles über uns!" Unter Kaufleuten ist dieses Argument üblich und umschreibt ein Geschäft auf Gegenseitigkeit. In den Ohren eines Redakteurs hört sich das jedoch schlimmer an, als wenn Sie seine Mutter der Ausübung eines Rotlicht-Gewerbes bezichtigen würden. Einmal ganz davon abgesehen, dass es gegen geltendes Presserecht verstößt, Anzeigen und Redaktion zu vermischen. Das tut zwar jeder, doch darüber zu sprechen ist ein absoluter Tabubruch.

Kommen Sie der Redaktion auch nicht mit der Standardanfrage, die jeden Redakteur zur Weißglut bringt: „Bringen Sie doch mal was über unser Geschäft!" Ja was denn? Das ist die Frage. Die beantwortet Ihnen nicht der Redakteur:

| Schlagen Sie dem Redakteur eine konkrete Story vor. |
|---|

Sonst beißt er nicht an. Der Redakteur ist ein Bär, der sich von Headlines und Storys ernährt. Also geben Sie ihm was zu futtern.

## Futter für den Redakteur

Geben Sie dem Redakteur eine gute Story, bringt er diese auch. Was gibt es derzeit Berichtenswertes aus Ihrem Reisebüro? Die meisten Führungskräfte in der Touristik denken noch zu wenig PR-orientiert (im Gegensatz zu ihren US-Kollegen). Deshalb fallen ihnen spontan meist keine Anlässe ein. Geht Ihnen auch so? Dann lassen Sie mich Ihnen auf die Sprünge helfen. Hier sind einige Standardanlässe für PR-Beiträge:

- Jubiläen des Reisebüros oder von Mitarbeitern. Bitte auch an die „Der tausendste Besucher"-Jubiläen denken: Die x-te Reise nach Mallorca, der Millionste Flugbucher. Zählen Sie alles, was sich zählen und PR-mäßig gut verkaufen lässt. Schenken Sie dem Kunden zum freudigen Anlass ein nettes Präsent, stellen Sie sich dazu, schütteln Sie ihm die Hand, lichten Sie das Bild ab und texten Sie eine Bildunterschrift dazu – schon ist der PR-Beitrag gebacken.
- Neueröffnungen, Wiedereröffnungen, Um- und Anbauten, geänderte Öffnungszeiten: Das alles ist eine redaktionelle Meldung wert.
- Erweiterungen Ihres Produkt-Portfolios. Wenn Sie etwas Neues und Aufregendes in Ihr Programm aufnehmen, ist das zumindest eine Meldung wert.
- Alle Kundenveranstaltungen sind eine Vor- und Nachberichterstattung wert. Selbstverständlich laden Sie den zuständigen Redakteur zum Event ein. Sie machen das nicht schriftlich, sondern persönlich. Sie gehen auf der Redaktion vorbei und laden ihn ein.
- Aktuelle Anlässe. Diese PR-Option wird sträflich vernachlässigt. Jedes Jahr gerät die Reisebranche wegen spektakulärer Anbieterpleiten, Katastrophen in Feriengebieten oder anderen beunruhigenden Entwicklungen in die Schlagzeilen. Die Leser

in Ihrer Stadt fragen sich: Sind auch Reisende aus unserer Heimat betroffen? Wie geht es ihnen? Wer kümmert sich um sie? Und was tut das lokale Reisebüro? Es stellt sich tot und hofft, dass der Skandal bald vorüber gehe. Mein Tipp: Tote machen keinen Umsatz. Profilieren Sie sich in so einer Situation als die Stimme der Vernunft, die „schon immer vor Billiganbietern gewarnt hat. Wir schützen unsere Kunden vor solch unseriösen Angeboten". Das haut rein. Das bildet Image. Das ist Umsatz pur.

- Reisetipps. Jedes Jahr zur Urlaubszeit begehen Urlauber dieselben Fehler, vergessen dies einzupacken, jene Impfung zu machen oder eine gute Reiseversicherung abzuschließen. Sprechen Sie Ihre Redaktion daraufhin an, geben Sie ihr eine Checkliste. Davon profitieren alle. Die Redaktion von Ihrer Fachkompetenz, die Leser von dem interessanten Beitrag und Sie von der PR-Wirkung.

- Urlaubs-Sensationen. Diese Beiträge kommen sensationell gut an, weil sie den Menschen Ihrer Stadt von Menschen Ihrer Stadt berichten. Das lesen die Leute noch am liebsten. Hier einige Schlagzeilen von veröffentlichten Beiträgen: „Münchner Urlauber gewinnt Haus in Südamerika!", „Kasseler Urlauberin trifft lange vermisste Schwester durch Zufall am Strand", „Ebinger Vereinsvorstand für 40-jährige Treue in der Steiermark geehrt", „Saarbrücker engagiert sich für den Schutz des Alpenveilchens". Voraussetzung: Sie fassen Ihre Stammkunden telefonisch nach deren Urlaub nach und bereiten die Story auf. Das ist gleichzeitig eine phantastische Kundenbindungs-Maßnahme.

- Sponsoring. Es gibt so viele gemeinnützige Vereinigungen und Jugendmannschaften, die über jeden Scheck oder einen Spielerdress dankbar sind. Ein Bild von der Scheckübergabe dazu und fertig ist der PR-Beitrag. Und rümpfen Sie jetzt bloß nicht die Nase. Die Definition von PR ist schließlich: Tue Gutes und rede darüber.

Daneben gibt es noch jede Menge anderer PR-Anlässe. Welche fallen Ihnen ein? Welche Ihrem Team? Was fahren andere Gewerbetreibende für PR-Artikel? Listen Sie alle möglichen Anlässe auf und werden Sie aktiv!

## Liefern Sie selbst

Viele meinen noch, dass man bei der Zeitung anruft, worauf diese dann den fliegenden Reporter mit Kamera und Schreibblock schickt. Weil es den Zeitungen in den letzten Jahren richtig schlecht ging (teilweise noch schlechter als Reisebüros) und diese deshalb Mitarbeiter gefeuert haben als gäbe es kein Morgen, ist das rein personell nicht mehr möglich.

> Wenn Sie eine Story haben, stellen Sie den Beitrag selber auf die Beine.

Machen Sie das Bild (falls Bildgelegenheit vorhanden) und schreiben Sie den Beitrag selbst. Ihr Deutsch ist nicht druckreif? Dann lassen Sie einen Mitarbeiter oder eine Mitarbeiterin mit Talent für die Feder nach Ihrer inhaltlichen Maßgabe und Korrektur schreiben. Oder besorgen Sie sich aus Ihrem privaten und beruflichen Netzwerk einen Menschen, der gutes Deutsch schreiben kann und das gefälligkeitshalber oder für'nen Appel und ein Ei macht.

Dieselbe Qualitätsanforderung gilt übrigens auch für Ihr Bildmaterial. Eigentlich ist es eine Selbstverständlichkeit, dass angelieferte Bilder kontrastreich, scharf und reproduktionsfähig sind. Wenn Sie jedoch mal nachschauen, was in Redaktionen so alles angeliefert wird, kann Sie das kalte Grauen packen. Viele Geschäftsleute glauben: „Die Redaktion mit ihrer modernen Bildbearbeitungstechnik kriegt das schon irgendwie hin." Das ist Unfug. Legen Sie an Ihre PR einfach dieselben Qualitätsmaßstäbe wie an Ihre Kundenberatung an. In Ihren Prospekten stehen ja auch keine verschwommenen Bilder mit abgesoffenem Kontrast.

Wenn Sie Text und eventuell Bild beisammen haben, liefern Sie Ihren PR-Beitrag fix und fertig und druckreif der Redaktion ab. Damit fällt schon mal die Standardausrede der Redaktion weg: „Wir würden ja schon gerne, aber wir können keinen vorbeischicken." Womit wir bei den Ausreden wären.

## Den redaktionellen Dünkel überwinden

Wenn Sie mit Ihrem Beitrag in der Redaktion erscheinen, was macht diese dann mit dem Beitrag? Abdrucken? Leider daneben geraten. Raten Sie nochmals. Ablehnen? Richtig geraten.

Redaktionen lehnen in der Regel jede Story ab, die „von draußen" reinkommt. Nicht weil die Story nicht gut genug wäre, sondern weil der Redakteur es für kategorisch unmöglich hält, dass außer ihm noch jemand einen Beitrag produzieren kann und der deutschen Sprache mächtig ist. Also sagt er erst einmal Nein. Na und? Da hat er mit Ihnen gerade den Richtigen erwischt. Denn das Nein sind Sie aus der Kundenberatung gewohnt. Sie beherrschen Ihre Einwandsbehandlung:

- Mäkelt der Redakteur an der Qualität Ihres Beitrags herum, machen Sie eine Auftragsklärung: Was genau möchte er besser, anders haben? Und dann liefern Sie eine verbesserte Fassung. Das macht er höchstens zweimal mit Ihnen, danach druckt er allein schon deshalb ab, weil er sich Ihrer Hartnäckigkeit beugt.

- Begründet der Redakteur seine Absage mit den Redaktionsstatuten, haben Sie in weiser Voraussicht einen ähnlichen Beitrag eines anderen Gewerbetreibenden aus Ihrer Stadt in der Tasche und überzeugen ihn mit dem Argument: „Das Autohaus X darf über seinen tausendsten Kunden berichten, aber wir nicht? Erklären Sie mir das?" Dann verhandeln Sie mit dem Redakteur wie mit einem Kunden. Raten Sie mal, wer die Verhandlung gewinnt. Warum? Weil Sie im Gegensatz zum Redakteur täglich Verhandeln üben.
- Aktivieren Sie Ihr Netzwerk. Irgendeiner im Netzwerk kennt sicher irgendeinen, der einen kennt, der in der Redaktion arbeitet. Lassen Sie Ihre Beziehungen spielen. Bauen Sie einen Kontakt auf und fragen Sie den Redaktionsmitarbeiter, wie Sie Ihre Beiträge gestalten können, damit sie öfter veröffentlicht werden.

## Ein Bild sagt mehr als tausend Worte

Immer wenn ich ein Bild von einer Reisebüro-Mannschaft in einer Lokalzeitung sehe, freue ich mich riesig – nur um mir in zwei von drei Fällen sofort danach die Haare zu raufen: Das Bild ist Negativ-PR!

Da stehen die Mitarbeiter nun anlässlich einer (Neu-/Wieder) Eröffnung oder einer Kundenveranstaltung – und machen ein Gesicht wie auf einer Beerdigung. Egal, was unter oder über dem Bild tatsächlich steht, die Headline, die sich unwillkürlich im Kopf des Lesers bildet, ist: „Urlaubs-Spaß? Die schönsten Wochen des Jahres? Nicht bei uns!"

> „Wer nicht lächeln kann, sollte keinen Laden aufmachen.“
> Chinesisches Sprichwort

Da ein Bild mehr als tausend Worte sagt, müssen alle ExpedientInnen, einschließlich des Reisebüroleiters, auf einem Bild lächeln. Punktum. Basta. Wer nicht lächelt, kriegt kein Weihnachtsgeld. Nein, im Ernst: Wer für den Erhalt seines eigenen Arbeitsplatzes nicht mal die geringe Anstrengung aufbringt, die ein simples Lächeln erfordert, verdient auch keinen.

## Die Pressemitteilung

Die Pressemitteilung ist ein PR-Instrument von und für Profis. Wenn Sie Ihren Redaktionen einen Text schicken, der nicht 1:1 zur Veröffentlichung gedacht ist,

- weil er Hintergrundinformationen enthält, zum Beispiel neueste Statistiken zum Buchungsverhalten oder zur Konjunkturentwicklung in der Touristik
- weil er aus redaktionspolitischen Gründen keine Chance auf Veröffentlichung hat („keine Story“)
- weil er eher den Redakteur als den Leser angeht

dann spricht man von einer Pressemitteilung.

Pressemitteilungen fließen, wenn überhaupt, auszugsweise in redaktionelle Beiträge ein: „ ... hat sich die Lage im Osten der Türkei weitgehend beruhigt, wie Heiner Lummer vom Reisebüro Lummer in einer Pressemitteilung versichert“. Diese Nennung ist genau so gut wie ein eigenständiger Beitrag, wenn nicht besser. Es gibt Werbewirkungs-Studien, die zeigen, dass die Nennung einer Person als Kompetenzträger(in) in einem neutralen redaktionellen

Beitrag weitaus stärker beim Leser wirkt als ein eigener PR-Beitrag zum Beispiel über den millionsten Reisebüro-Besucher.

Pressemitteilungen können Sie so oft Sie wollen versenden; einmal die Woche, einmal im Monat, einmal pro Quartal. In Pressemitteilungen nehmen Sie zu allen möglichen Themen aus und um die Touristik Stellung, die Ihnen aus welchen Gründen auch immer nicht geeignet für einen PR-Beitrag erscheinen, aber zu schade sind, um den Mantel des Schweigens über sie zu breiten.

Auf diese Weise verschaffen Sie sich hin und wieder Erwähnung in redaktionellen Beiträgen, stoßen Redakteure auf Themen, die sie dann eigenständig und in enger Kooperation mit Ihnen bearbeiten und etablieren sich über die Zeit bei den Redaktionen als verlässlicher Kompetenzpartner in allen Fragen der Touristik, der auch mal für ein rasches Interview zu tagesaktuellen Fragen zur Verfügung steht oder kurz mal für eine andere Story ein Statement abgibt.

Je länger Ihr Redaktionsverteiler, desto besser.

Auf deutsch: Wenn Sie schon Pressemitteilungen schreiben, schicken Sie diese möglichst vielen Redaktionen. Hier gilt: Viel nützt viel.

Ich erinnere gerne daran: Alles, was eine Redaktion aus Ihrem Hause zu lesen bekommt, ist selbstverständlich in orthographisch und grammatikalisch korrektem und gut verständlichem Deutsch getextet. Wenn nicht von Ihnen, dann von jemandem unter Ihrer inhaltlichen Anleitung, der gutes Deutsch schreiben kann.

## Checkliste: Das Interview

Wann immer Sie mit Redaktionen zu tun haben, werden Sie irgendwann auch mal ein Interview geben. Ich korrigiere mich: Betrachten Sie einfach jedes Gespräch mit einer Redaktion als Interview. Das heißt:

- ❑ Reden Sie in Hemingway-Sätzen: Kurze, einfache Sätze.
- ❑ Keine Schachtelsätze oder andere schwer verständlichen Satzkonstruktionen.
- ❑ Schweifen Sie nicht aus, der Redakteur hat noch weniger Zeit als Sie. Kommen Sie ohne Umwege auf den Punkt.
- ❑ Reden Sie nicht um den heißen Brei herum wie ein Politiker. Wenn Sie nicht offen und ehrlich mit den Menschen umgehen wollen, sollten Sie lieber gar keine PR (Touristik?) machen. Ehrlich währt immer noch am längsten.
- ❑ Versuchen Sie Oneliner, Einzeiler, von sich zu geben. Also einfache, einprägsame Sätze, die er aus dem Stand weg zitieren kann. Oder wie der Fachmann sagt: Sprechen Sie zitierfähig!
- ❑ Reden Sie zielgruppen-orientiert. Der Redakteur ist ein Schlagzeilen-Mensch, der sich ständig fragt: Wo ist die Story?
- ❑ Machen Sie ihm gegenüber nie Werbung. Lassen Sie Ihre Kompetenz für Sie sprechen.
- ❑ Treten Sie selbstbewusst, aber nicht arrogant auf. Reden Sie Klartext, aber lassen Sie auch seine Meinung gelten – auch wenn es eine Laienmeinung ist.

## Der Leserbrief

Der Leserbrief ist vielleicht das am meisten unterschätzte PR-Instrument. Wie viele Krisen hat die Touristik in den letzten Jahren durchgemacht? Wie viel Unfug haben Sie darüber in Ihrem Lokalblatt lesen müssen? Und wie oft haben Sie einen geharnischten Leserbrief aufgesetzt, der die Sachverhalte richtig stellte? Peinlich, nicht?

Da schreibt die Presse so viel Unfug über uns, und wir wehren uns so wenig. Manchmal frage ich mich, ob wir es tatsächlich verdient haben, im Business zu überleben, wenn wir so wenig wehrhaft sind. Wann immer mal wieder eine touristische Sau durchs Dorf getrieben wird,

- setzen Sie einen Leserbrief auf.
- beherzigen Sie den Spruch: In der Kürze liegt die Würze. Das heißt: Nicht mehr als eine viertel A4-Seite. Weniger ist mehr. Denn sonst kürzt die Redaktion Ihren Brief nur.
- schreiben Sie auf den Punkt, geistreich und unterhaltsam. Sie schreiben für den Leser, nicht für den Redakteur.
- kennzeichnen Sie Ihren Brief deutlich als „Leserbrief", sonst hat der Redakteur eine bequeme Ausrede, ihn nicht zu veröffentlichen.

Warum wirken Leserbriefe so gut? Gegenfrage: Was lesen Sie in der Zeitung am liebsten? Die liebsten Rubriken sind seit Menschengedenken: Sport, Horoskop, Kreuzworträtsel, Lokales, Todesanzeigen und eben Leserbriefe.

> Werden Sie ein eifriger Leserbrief-Schreiber. Das ist kostenlose, hoch wirksame Werbung.

## PR ist nicht dringend, aber wichtig

Wie oft sollten Sie redaktionell in der Zeitung stehen? Viermal im Jahr ist Minimum, sechsmal ist besser, monatlich einmal ist absolute Spitzenklasse. Sie haben neben der PR noch genug anderes zu tun?

Wer hat das nicht? Dieser Einwand trifft nicht nur auf die PR, sondern auf das komplette Marketing zu: Eigentlich haben wir täglich genug anderes zu tun. Dringenderes. Das wirklich Wichtige bleibt deshalb oft liegen. Und wenn wir ehrlich sind, müssen wir zugeben: Eben weil wir die PR und den ganzen Rest vom Marketing jahrzehntelang so stiefmütterlich behandelt haben, geht es uns jetzt nicht so rosig wie wir uns das eigentlich wünschen. Während jeder Lebensmittel-Einzelhändler um die Ecke ein Marketing entfacht, dass einem Hören und Sehen vergeht, sitzen wir immer noch introvertiert hinterm Counter und warten auf den Märchenprinzen, der hereinreitet und die Kunden mitbringt. Wie lange noch davon träumen?

In jeder Stadt gibt es einige Geschäftsleute, von denen man den Eindruck hat, dass sie fast wöchentlich mit irgend einer Meldung in der Zeitung stehen. Wer ist es in Ihrer Stadt? Das sind die „stadtbekannten Hunde“. Haben Sie den Eindruck, dass diese Bekanntheit ihrem Geschäft schadet? Ganz im Gegenteil: PR zahlt sich aus. In Euro und Cent. Wer (in der Zeitung) präsent ist, hat einen guten Ruf. Ein gutes Image wiederum zieht Kunden an. Und Kunden bringen Umsatz.

Also überlegen Sie es sich das nächste Mal gut, wenn Sie eigentlich eine PR-reife Story an der Hand hätten, aber „noch genügend anderes“ zu tun hätten. Was ist dieses Andere? Und hat es denselben langfristigen und nachhaltigen Effekt auf Ihren Geschäftserfolg wie ein gut platzierter PR-Beitrag?

## Man gewöhnt sich dran

Und nun eine wirklich gute Botschaft: PR-Arbeit ist eines der am wenigsten zeitraubenden Marketing-Instrumente. Neulich saß ich bei einer Reisebüroleiterin im Büro, um einen Mitarbeiter-Workshop zu besprechen, als eine Expedientin den Kopf zur Tür rein steckte:
„Heute vormittag kommt unser Kunde Müller aus Kenia zurück."
„Das ist doch der, der anrief, um nach Adressen von Hilfsorganisationen zu fragen?"
„Ja, zehn Kilometer von seinem Hotel hat eine Erdlawine ein Dorf verschüttet. Er ist Ingenieur und hat eine Behelfsbrücke gebaut."
„Gehen Sie heute Nachmittag vorbei, nehmen Sie die Kamera und die Azubine mit, Blumenstrauß für die Frau und was schenken wir ihm zur Begrüßung?"
„Ein Scheck für sein privates kenianisches Hilfsprojekt?"
„Prima. Machen Sie das, kündigen Sie den Beitrag bei den beiden Lokalredaktionen an, liefern Sie heute noch ab. Mit etwas Glück steht das morgen schon drin."

Genau so war es. Hat insgesamt etwas über 45 Minuten Arbeit gekostet und wurde in beiden Lokalzeitungen abgedruckt – natürlich mit dem Namen der freundlichen Dame vom Reisebüro XY, die den Katastrophenhelfer in der Heimat begrüßte. Die Reisebüroleiterin weiß, was Synergie ist,

- vergrößerte die beiden Bildbeiträge auf Postergröße, hängte sie ins Schaufenster und brachte sie an einem Aufsteller im Reisebüro selbst an.
- scannte beide Artikel ab und schickte sie per E-Mailing an alle Kunden.
- startete auf der Welle der Popularität eine Woche später den Kunden-Wettbewerb „Mein schönstes Urlaubserlebnis", bei

dem ein Sonderpreis des Bischöflichen Ordinariats für das Erlebnis mit dem stärksten Sozial- oder Hilfscharakter ausgrufen wurde.

Das ist Marketing: Immer auf so vielen Tasten wie möglich spielen. Es wundert einen nicht wirklich, dass es diesem Reisebüro bereits in der dritten Generation glänzend geht – egal wie gut oder schlecht die Touristik-Konjunktur gerade läuft. Dieses Reisebüro hat seine eigene Firmenkonjunktur. Nicht mehr und nicht weniger erreicht professionelles Marketing.

Für jemanden, der so etwas noch nie gemacht hat, ist so eine PR-Sache natürlich erst einmal gewöhnungsbedürftig. Doch das ist schon alles, was sie ist. Sie ist keine Hirnchirurgie oder Atomphysik. Sie ist wie Segeln oder Stricken auch: Am Anfang ist es ungewohnt, doch nach einer Handvoll Versuchen und um einige Erfahrungen reicher werden Sie das genau so schnell und professionell machen wie unsere beispielhafte Reisebüroleiterin. Wetten?

# *Ihr Auftreten in der Öffentlichkeit*

## Zeigen Sie Präsenz

PR beschränkt sich nicht nur auf Zeitungsartikel. PR beschreibt schon vom Wort her *alle* Beziehungen zur Öffentlichkeit. Auch die persönlichen Beziehungen. Wenn Sie einkaufen, in der Stadt Besorgungen machen, vom Parkplatz zum Geschäft gehen, mit anderen Menschen einer Freizeitbeschäftigung nachgehen, den Elternabend besuchen, die Kinder zum Sport bringen oder das

Auto zur Werkstatt – jeden Tag stehen Sie einige Minuten oder Stunden im Licht der Öffentlichkeit.

Sie können diese öffentlichen Auftritte natürlich auch mit hochgeschlagenem Trenchcoat-Kragen, breitkrempigem Hut und Sonnenbrille absolvieren. Damit Sie keiner erkennt. Damit keiner den persönlichen Kontakt herstellen kann, der ausschlaggebend dafür ist, dass er dann irgendwann zu Ihnen ins Reisebüro kommt. Der Witz dabei: Viele Touristik-Führungskräfte machen das tatsächlich. Sie wandeln täglich durch die Öffentlichkeit und keiner sieht ihnen an, dass sie vom Reisebüro XY sind. Was für eine Marketing-Sünde und nutzlose Verschwendung von Umsatzpotenzial!

## Gewinnen Sie Menschen

Es gibt Tage, da ist einem nicht nach menschlichem Kontakt. Das ist okay. An allen anderen verbinden Sie einfach das Nötige mit dem Nützlichen. Wenn Sie schon Einkaufen, Schwimmen, Radfahren oder auf Behördengänge gehen, dann gehen Sie so, dass für Ihren Geschäftserfolg und Ihre Existenzsicherung etwas dabei herausspringt:

- Egal, wem Sie begegnen, stellen Sie freundlich lächelnd Blickkontakt her. Das könnte ein aktueller oder potenzieller Kunde sein! Hetzen Sie nicht mit gesenktem oder abgewandtem Blick durch die Gegend. Das ist geschäftsschädigend.
- Erwidert der andere den Blickkontakt, grüßen Sie freundlich. Verrückt, nicht? Der simple Gruß ist in unserer entfremdeten Welt schon so selten geworden, dass er bereits als Marketing-Instrument eingesetzt werden kann.

- Erwarten Sie nicht, dass der andere zurückgrüßt. Moderne Menschen machen das nicht. Aber sie sind von Ihrer Freundlichkeit und Höflichkeit beeindruckt.
- Ist es ein Kunde, machen Sie drei Sätze Small Talk mit ihm. Das heißt: Immer fünf Minuten früher aus dem Haus gehen, falls Sie einen Kunden treffen.
- Übrigens: Kunden begrüßt man per Handschlag. Diese simple Geste hat eine empirisch erwiesene, sehr hohe Kundenbindungsqualität. Ganz nebenbei ist sie einfach menschlich, anständig und Zeichen von selbstverständlichem Respekt.
- Wie groß ist Ihre tägliche Kontaktzahl außerhalb des Reisebüros? Je größer, desto besser für Ihr Business.
- Es versteht sich von selbst, dass Ihr(e) Auto(s) und nach Möglichkeit die Ihrer Familie und eventuell Ihrer Mitarbeiter einen Aufkleber Ihres Reisebüros auf möglichst allen vier Seiten tragen. Die Siebdruck-Folie, so der Fachausdruck, sollte von Passanten und anderen Autofahrern mit bloßem Auge im Vorübergehen/-fahren erkannt und im Gedächtnis behalten werden können, weil er so eingängig stilisiert, so markant und prägnant ist.
- Wenn Sie neu in einem Kreis Menschen sind (Verein, Elternabend, Seminar, ...), stellen Sie sich immer kundenorientiert vor: „Hallo. (Lächeln, was sonst?) Mein Name ist Sandra Müller. Ich bin ... (eventuell sozio-demographische Angaben wie Wohnort oder Bezug zur Gruppe) und leite das Reisebüro XY in der Fußgängerzone.“

Marketing-Profis machen das immer so. Warum? Weil sie wissen, dass der persönliche Auftritt besser wirbt, verkauft und Kunden bindet als Anzeigen und Mailings zusammengenommen. Reisebüroleiter erzählen mir immer wieder Geschichten wie diese: „Neulich war ein Ehepaar bei uns, das ich nicht kannte. Der Mann sagte: ‚Wir haben uns beim Kindergartenfest so nett unterhalten. Sie sagten, wenn wir auch mit den Kindern mal einen richtigen Eltern-Erholungsurlaub machen wollen, hätten Sie eventuell was für uns. Jetzt sind wir da.'"

Was macht der Marketing-Experte daraufhin? Angebote raussuchen? Nein? Wunderbar. Ich bin stolz auf Sie. Sie sind über die zurückliegenden Seiten schon ein richtiger Marketing-Profi geworden. Und als solcher würden auch Sie mit dem Ehepaar erst mal fünf Minuten in Erinnerungen an das wirklich gelungene Kindergartenfest schwelgen und die neuesten Nachrichten von der Kinderfront austauschen. Danach ist die Kundenbeziehung so stabil, dass das eigentliche Beratungsgespräch nur so durchflutscht (s.a. Kapitel 8).

## Buttons und Give aways

Marketing ist keine Frage des Budgets, sondern des Engagements. Eine Reisebüroleiterin gab einer befreundeten Hobby-Künstlerin den Auftrag, einen schönen Revers-Button für ihr Reisebüro zu basteln. Das tat diese mit so unüblichen Materialien wie Holz und Spitze so einfallsreich und kreativ, dass der Button wie eine wertvolle Brosche wirkte. Alle Frauen beneideten die Büroleiterin um diesen Button, wenn sie die Büroleiterin im Supermarkt oder im Fitness-Studio trafen. Sie schenkte ihn jeder Bewunderin. Innerhalb zweier Wochen hatte sie über hundert verteilt. Besser kann man nicht für sein Reisebüro werben. Inzwischen ist eine Krawattennadel für den gepflegten Herrn in Auftrag ...

Ein anderer Agenturinhaber ließ sich kleine bunte Wimpel mit Namen, Claim und Logo seines Reisebüros basteln und von seinen Kindern an die Stiele roter und grüner Äpfel binden. Wann immer er in der Stadt unterwegs ist oder seine Jungs vom Sport abholt und Kunden oder andere Menschen mit Kindern trifft, schenkt er den Kindern einen Apfel. In der Stadt ist er inzwischen bekannt als „Der Apfelmann vom Reisebüro Fernweh“. Und nun stellen Sie sich mal vor, Sie hätten so einen Pfiffikus als Mitbewerber und müssten gegen so einen Marketing-Geniestreich anstinken! Ihnen sinkt das Herz? Dann wissen Sie, wie es den Mitbewerbern des Apfelmannes geht. Die versuchen seit Jahren, diesen Marketing-Clou zu toppen und beißen sich sozusagen die Zähne an den Äpfeln aus. Vor allem, weil der Apfel nicht die letzte Marketing-Idee dieses Agenturinhabers war ...

## Der Visitenkarten-Test

Es gibt einen einfachen Test, der aus nur einer einzigen Frage besteht und direkte Rückschlüsse über die Marketing- und Akquise-Stärke einer Führungskraft in der Touristik zulässt. Sind Sie bereit? Tief durchatmen. Und hier die Frage:

| Wie viele Visitenkarten haben Sie 24 Stunden am Tag bei sich? |
|---|

Fünf? Zehn? Gar keine? Die einzig richtige Antwort lautet: Genug. Die Frage für Fortgeschrittene lautet übrigens: Wie viele Visitenkarten verteilen Sie am Tag? Eine ist hervorragend, drei sind atemberaubend und mehr als drei bedeuten: Sie müssen sich nie wieder Sorgen um Ihre Existenzsicherung machen.

Oder provokativ gefragt: Wenn Sie keine Visitenkarte „am Mann“ haben, wie es bei der Bundeswehr heißt, wozu haben Sie dann überhaupt welche? Damit sie in der Schublade verstauben? Und wenn Sie welche bei sich tragen und sie nicht großzügig unters Volk streuen, wozu sind die Druckkosten für die Karten dann gut? Zur Befriedigung Ihrer persönlichen Eitelkeit? Entschuldigung, aber eine Visitenkarte ist keine Brosche oder Krawatte.

Sie wissen nicht, wie man in zwei Sätzen eine Visitenkarte einem potenziellen Kunden so in die Hand drückt, dass er diese nicht achtlos wegwirft, sondern in den Geldbeutel steckt und Sie bald besucht? Wozu gibt es Seminare und Coachings? Tun Sie etwas für Ihre Marketing-Kompetenz! Von nichts kommt nichts.

## Was ist Ihr Claim?

Keine Visitenkarte ohne Claim. Ihr Claim muss auf die Visitenkarte. Was ist ein Claim (Englisch: Anspruch)? Früher sagte man Slogan dazu. Hübsche, kunden-, motivorientierte und beliebte Claims sind:

- Für die schönsten Tage des Jahres
- Für einen Urlaub, den Sie nie vergessen.
- Wir machen Urlaubsträume wahr.
- Ab in den Urlaub!
- Auf der Sonnenseite des Lebens
- Die schönsten Flecken der Erde
- Wir bringen Sie, wohin Ihre Träume Sie tragen.
- Endlich Urlaub!
- Lust auf ... Gall Reisen
- Das Leben von seiner schönsten Seite
- Erleben, was die Welt zu bieten hat
- Sie machen Urlaub, wir den Rest. (Atlas-Reisen)

Ein Reisebüro ohne Claim ist wie ein Früchtekuchen ohne Früchte. Was ist Ihrer? Ich hoffe doch, Sie haben einen (einen Claim, keinen Früchtekuchen). Wenn nicht, ist jetzt der beste Zeitpunkt, in ein Brainstorming zu gehen und einen auszuwählen.

Ein Claim ist unverzichtbar für jedes Marketing. Er ist viel mehr als ein Instrument der Unternehmenskommunikation. Er ist zugleich ein Mission Statement. Neulich während einer Beratungsstunde moserte eine Expedientin, die der Büroleiter und ich auf dem Weg in sein Büro trafen, dass sie nicht schon wieder die Innenräume neu dekorieren wolle. Darauf der Chef: „Unser Motto ist ‚Das Schönste, was die Welt zu bieten hat'. Wenn es bei uns drinnen nicht danach aussieht, wie wollen wir dann die Kunden davon überzeugen, dass wir das tatsächlich anbieten können?"

| Ein Claim sagt: Dafür stehen wir. Das tun wir für Sie. Das ist der Anspruch, an dem Sie uns 24 Stunden am Tag messen können. |
|---|

## Checkliste Claim

Egal welchen Claim Sie wählen, er sollte einigen kritischen Anforderungen genügen:

- ❑ Keine Anglizismen im Claim! Es sei denn, 90 Prozent Ihrer Zielgruppe sind Native Speakers oder Computer-Geeks. Der deutsche Kunde ist latent anglophob. Er versteht Anglizismen nicht, macht sich heimlich über sie lustig. Das ist ein Buchungshindernis, kein Umsatztreiber.
- ❑ Verwenden Sie nie ungetestete Claims. Als Testpersonen ungeeignet sind: Sie, Ihre Expedientinnen, Ihre Expedienten. Nur der Kunde weiß, was er von Ihrem Claim hält. Also fragen Sie ihn, repräsentativ und valide. Egal, wie lange Sie Ihren Claim

schon haben. Es ist nie zu spät, einen Claim, der bei den Kunden nicht ankommt, durch einen besseren zu ersetzen.

- Ein guter Claim ist kunden-, nutzen- und motivorientiert.
- „Das erste Haus am Platz“ ist kein guter Claim, weil er prahlerisch ist und nicht motivorientiert. Was hat die relative Wettbewerbsstärke mit den Urlaubsmotiven der Kunden zu tun?
- Nehmen Sie von der unseligen Unsitte Abstand, Ihren Slogan mit einem Ausrufezeichen zu versehen. Ein Ausrufezeichen ist ein Ausrufezeichen, keine Unterstreichung. Es wird deshalb nur bei Ausrufen („Endlich Urlaub!“) und Imperativen („Ab in den Urlaub!“) verwendet. Überall anders wirkt es angeberisch und im übrigen grammatikalisch falsch. Wenn ein Claim nicht von seiner Aussage her stark genug ist, macht ihn ein falsch gesetztes Satzzeichen auch nicht stärker.

## Networking

Noch so ein Modebegriff, aber ein guter. Wenn Sie die beiden Pfeiler Ihrer Public Relations konsequent genug weiterdenken

1. sind Sie irgendwann in Print- und anderen Medien so omnipräsent, dass Ihr Name in aller Munde ist und Interessenten gar nicht auf den Gedanken kommen, in ein anderes Reisebüro zu gehen.
2. haben Sie täglich mit so vielen Menschen außerhalb Ihres Reisebüros Kontakt, dass Sie fast schon die ganze Stadt mit Vornamen kennen.

Damit ist quasi die ganze Stadt zu Ihrem Netzwerk geworden, aus dem heraus Sie Interessenten und Kunden, Empfehlungen und Meinungsmacher rekrutieren. Je größer Ihr Network, desto größer Ihre Erfolgsaussichten in jeder Hinsicht, nicht nur in beruflicher.

Wie viele Menschen kennen Sie namentlich? Networking-Profis kommen auf mehrere Hundert.

## Empfehlungsmarketing

Auf amerikanischen Rechnungen finden Sie ganz unten oft die Zeile: „Wenn Sie mit uns zufrieden waren, empfehlen Sie uns weiter." Avon und Tupperware haben Milliarden-Imperien mit Empfehlungsmarketing aufgebaut. Also unterschätzen Sie diese Marketing-Methoden nicht.

Es bricht Ihnen kein Zacken aus der Krone, wenn Sie einem zufriedenen Stammkunden beim nächsten Gespräch Ihre Karte mit einem freundlichen Lächeln in die Hand drücken und sagen: „Waren Sie zufrieden mit Ihrer letzten Urlaubsreise? Vielleicht finden Sie mal Gelegenheit, uns weiter zu empfehlen."

Kleine Ursache, große Wirkung. Es gibt nämlich in jeder Branche einige Unternehmen, die machen schon lange keine Werbung mehr, weil sie ihr gut eingespieltes Empfehlungsmarketing wöchentlich mit ausreichend Interessenten und Neukunden versorgt. Empfehlungsmarketing ist wie jedes Marketing-Instrument: Wenn man es perfekt beherrscht, ist es eine Lebens- und Umsatzversicherung.

Wen haben Sie heute schon um eine Empfehlung gebeten? Steht die Bitte um Empfehlung auf allen Ihren Mailings und anderen Drucksachen? Bedanken Sie sich auch bei jedem, der eine Empfehlung ausspricht?

## Was Präsenz bringt

Präsenz ist Zweck und Ziel Ihrer Public Relations. Um es auf den Punkt zu bringen: Je präsenter Sie im Leben Ihrer Mitbürger sind, desto eher buchen diese bei Ihnen.

Dabei geht es nicht nur um die bloße Bekanntheit. Die bloße Bekanntheit ist nicht maßgeblich. Mercedes-Benz zum Beispiel ist bei über 90 Prozent der Bevölkerung bekannt – aber nicht 90 Prozent der Deutschen fahren Daimler.

Wenn es um Präsenz geht, geht es vielmehr um qualifizierte Präsenz: Nicht nur der Name Ihres Reisebüros sollte in aller Munde sein, sondern auch Ihre Kernkompetenz (übrigens, welche ist das?). Deshalb ist Ihr Claim bei Ihrem öffentlichen Auftritt auch so wichtig.

Wenn Sie öffentlich auftreten oder von sich reden machen, sollten die Leute immer wissen, wofür Sie stehen. Dann hat Ihre Public Relations Erfolg.

# 8 Beziehungsmanagement

## Das wichtigste Kapitel in Ihrem Leben

Wenn Sie nur für ein einziges Kapitel Zeit hätten, dann wäre es dieses. Alle anderen Kapitel des Buches sind immens nützlich und hilfreich. Doch dies ist das wichtigste. Warum? Weil es im Alleingang die Existenz Ihres Reisebüros sichern kann. Nachhaltig. Krisensicher. Konjunkturunabhängig. Weil es Ihnen das Erfolgsgeheimnis aller überdurchschnittlich erfolgreichen Reisebüros verraten wird. Sie haben auch schon davon gehört?

Wer hätte nicht von Beziehungsmanagement gehört? Aber was ist das eigentlich?

Beziehungsmanagement ist Überlebensgarantie und Erfolgsgarant für Reisebüros. Es ist die wirksamste Waffe gegen Internet, TV-Reiseshops, Lidl-Billigtickets, provisionskürzende Veranstalter und andere Existenzbedrohungen.

Wenn wir Beziehungsmanagement in Beratung, Coaching oder Führungs-Workshop diskutieren, löst das bei Führungskräften und ExpedientInnen regelmäßig den berühmten Aha-Effekt aus und sie sagen: „Ich habe zum ersten Mal wirklich begriffen, dass wir eine Chance gegen das Internet haben!“

Beziehungsmanagement ist Ihr Differential Advantage gegenüber Internet und TV.

## Was das Internet nicht kann

Beziehungsmanagement ist Ihr uneinholbarer Wettbewerbsvorsprung gegenüber den alternativen Vertriebsformen in der Touristik. Warum? Weil das Internet kein Beziehungsmanagement machen kann. Es kann nicht über die Beziehung verkaufen. Es kann nicht persönlich werden, nicht herzlich, freundlich oder zwischenmenschlich. Es kann nicht verständnisvoll, sympathisch oder attraktiv sein. Es kann mit einem freundlichen Lächeln nicht die Welt des Kunden erhellen. Oder haben Sie schon mal das Internet lächeln sehen und es nach den Kindern des Kunden fragen hören? Kann das Internet etwa auf die ganz persönlichen Interessen, Wünsche, Träume und Urlaubsmotive des Kunden eingehen? Nie im Leben.

Kennt das Internet die Sorgen, Probleme und Nöte Ihrer Kunden? Mitnichten. Aber Sie kennen sie. Und genau das haben Sie der Blechkiste voraus.

Nicht das Produkt, sondern die Beziehung garantiert Ihnen Existenz, Arbeitsplatz und Erfolg.

Wodurch sonst könnten Sie sich denn heute noch von den alternativen Vertriebsformen unterscheiden als durch Ihr Beziehungsmanagement? Jedenfalls nicht über Produkt oder Preis.

## Der größte Irrtum aller Zeiten

Die meisten Touristik-Fachkräfte wissen, dass es Beziehungen zwischen Menschen gibt. Die meisten haben ja auch jede Menge privater Beziehungen. Doch die meisten erliegen auch einem verbreiteten Irrtum. Sie glauben:

- „Beziehungen sind ja ganz nett, aber über die Buchung entscheidet immer noch das Angebot."
- „Die harten Fakten wie Preis und Qualität geben den Ausschlag."

In zehn Jahren wird die ganze Welt über solche Sprüche herzlich lachen. Heute tun das bislang nur die überdurchschnittlich erfolgreichen ExpedientInnen und Reisebüroleiter. Denn Sie wissen:

| Buchung = 40% Fakten + 60% Beziehung |
|---|

Das heißt: Sie können auch in Zeiten des Internets und der Lidl/Aldi-Billigtickets sorgenfrei überleben und glänzende Geschäfte machen, wenn Sie Ihren Kunden das anbieten, was Ihren Kunden nicht nur bei der Buchung sondern im ganzen restlichen Leben auch am allerwichtigsten ist: Beziehungsqualität.

Sie würden ja auch nicht bei einem schmierigen, unehrlichen Autohändler einen gebrauchten Wagen kaufen, auch wenn es der billigste weit und breit ist. Warum nicht? Weil manchmal die Beziehungsqualität eben wichtiger ist als der Preis. Wer das weiß und nutzen kann, braucht sich um seine und die Zukunft seiner Mitarbeiter nie wieder Sorgen zu machen.

## Der Mehrwert, der entscheidet

Welchen Mehrwert gegenüber Internet & Konsorten bieten Sie? Warum sollen die Kunden sich für Sie und nicht fürs Internet entscheiden? Beziehungsmanagement ist die einzige vernünftige Antwort auf diese Fragen.

| Die persönliche Beziehung zum Kunden ist Ihr Erfolgsgarant. |
|---|

Diese persönliche Beziehung und nicht Ihre Fachkenntnis oder Ihre Angebote sind Ihre Existenzgrundlage und Ihre Überlebenschance.

Umso tragischer ist es, dass die meisten ExpedientInnen diese Beziehung nicht pflegen, sondern entweder schlichtweg ignorieren oder die falschen Fragen stellen.

## Die Hand beißen, die einen füttert

Wenn die persönliche Beziehung zum Kunden existenzentscheidend ist, ist es umso tragischer, dass die meisten ExpedientInnen im Kundengespräch immerzu nur stereotype Buchungsfragen, anstatt Beziehungsfragen stellen. Kein Wunder, denn in schlechten Trainings werden ihnen die berühmten W-Fragen ja auch mit der Nürnberger Methode eingetrichtert:

- Wann wollen Sie reisen?
- Wohin?
- Wie lange?

Das sind wichtige Fragen – aber genau die stellt auch das Internet. Wenn Ihre ExpedientInnen nicht mehr drauf haben, wozu haben Sie sie dann? Sie könnten sie genauso gut durch ein Touchscreen-Terminal oder eine Homepage ersetzen.

Lassen Sie Fragen stellen, die das Internet nicht stellen kann: Beziehungsfragen.

Zum Beispiel:

- Was möchten Sie erleben?
- Was haben Sie schon erlebt und möchten es wieder erleben?
- Was haben Sie schon erlebt, was Sie auf keinen Fall wieder erleben möchten?
- Welche Erwartungen stellen Sie an Ihren Idealurlaub?
- Welche Wünsche sollte die Reise Ihnen erfüllen?
- Wie sieht Ihr Traumhotel/Traumanlage aus?
- Wie fühlen Sie sich am liebsten im Urlaub?

Diese Fragen kann das Internet nicht stellen. Diese Fragen machen jedoch den persönlichen Verkauf schlechthin aus. Würden Sie jemand, der Ihnen solche persönlichen Fragen vertrauensvoll stellt, durch eine Reise-Homepage ersetzen? Nie im Leben! Denn dieser Mensch kennt Ihre geheimsten Wünsche und Träume. Er ist kein Expedient mehr, sondern ein echter Freund. Und Freunde ersetzt man nicht durch eine blutleere www-Seite.

Freunde sind auch in zehn Jahren noch im Geschäft. Roboter-ExpedientInnen, Buchungsbeamte, Abwickler und Buchungsmaschinen sterben mit ihren Reisebüros aus.

Wie Sie bemerkt haben werden, befinden wir uns hier an einer Schnittstelle von Marketing, Beziehungsmanagement und Verkauf. Wie man welche Beziehungsfragen stellt und beziehungsorientiert (statt buchungsdatenorientiert) ein Kundengespräch führt, ist ein zentrales Thema des Verkaufs am Counter. Es wird ausführlich behandelt in meinem Ratgeber „Mehr Erfolg am Counter", der bei mir (Adresse letzte Seite) oder in jeder Buchhandlung erhältlich ist.

## Die Beziehung verkauft besser als das Produkt

Ein gutes Produkt verkauft sich. Ein billiges Produkt verkauft sich auch, siehe Internet. Besser jedoch als Produkt und Preis zusammengenommen verkauft die Beziehung. Sie beschließen spontan, ab sofort schwerpunktmäßig über die Beziehung verkaufen zu lassen? Gratuliere. Wie stellen Sie das an?

| Sie verkaufen umso besser, je besser Sie Ihren Kunden kennen. |
| --- |

Beziehungsprofis haben von möglichst vielen Kunden, angefangen bei den A-Kunden, ein Kundenprofil im Kopf und in der Datei. Manche sagen auch Steckbrief dazu.

## Formular: Das Kundenprofil

Vorname, Name des Kunden:

......................................................................................................

Adressdaten:

......................................................................................................

Geburtstag:

......................................................................................................

Privates und berufliches Umfeld:

.........................................................................................................

Hobbys:

.........................................................................................................

Seine bisherigen Reisen und Urlaubsziele:

.........................................................................................................

Seine Vorlieben und Abneigungen:

.........................................................................................................

Markante, wiederkehrende Aussagen und Wertvorstellungen:

.........................................................................................................

Welche Interessen hat der Kunden?

.........................................................................................................

Welche Urlaubswünsche und Buchungsmotive?

.........................................................................................................

(Damit Sie das Formular „Das Kundenprofil“ gleich anwenden und auch auf Ihre spezielen Anforderungen zuschneiden können habe ich es unter www.countertalk.de (download) zum kostenlosen herunterladen bereit gestellt.)

## Das kann man nicht mit allen Kunden machen

Ich habe noch keinen Expedienten oder Reisebüroleiter getroffen, dem die überragende Nützlichkeit des obigen Profilformulars für den Buchungserfolg nicht unmittelbar eingeleuchtet hätte. Was Reisebüroleiter regelmäßig entzückt:

> Ein Kundenprofil ist eine der wirksamsten Marketing-Techniken – und völlig kostenlos!

Das Aber kommt jedoch meist sofort: „Aber wann soll ich das denn machen? Und muss ich das für jeden Kunden machen?" Nein. Das kann kein Mensch. So viel Zeit hat keiner. Kein Mensch hat auch hundert beste, engste Freunde. Deshalb heißt der Ausdruck ja auch: der engere Freundeskreis.

> Beziehungsmanagement würde man am liebsten mit allen Kunden machen. Unter dem Diktat der knappen Zeit macht man es jedoch nur mit so vielen, wie die Zeit zulässt.

Das ist auch im normalen Leben so: Familie, Verwandtschaft und enge Freunde gehen eben vor, wenn die Zeit knapp ist. Man ist sich schließlich seiner Verantwortung gegenüber diesen Menschen bewusst.

## Der engste Kundenkreis

Beziehungsmanagement macht man aus Zeitgründen nur mit dem engsten Kundenkreis. Was sind die Maßstäbe für diesen Kreis? Nun, was sind die Maßstäbe für Ihren engsten Freundeskreis? Das sind die Menschen, die Ihnen besonders viel bedeuten, und von denen Sie auch etwas von dem zurückbekommen, was Sie in die Beziehung an emotionalem Involvement und Commitment investieren. Jene Menschen, die Sie nicht nur stundenlang zuquatschen, sondern die Ihnen auch mal zuhören, wenn Sie was zu sagen haben. Keine Einbahnmenschen, sondern Menschen, mit denen ein echter Austausch stattfindet.

Haben Sie die Gemeinsamkeiten bemerkt? Was man privat einen engen Freund nennt, das hat dieselben Eigenschaften und Vorzüge wie im Business ein A-Kunde: Eben einer, der die Zeit, die man ihm/ihr schenkt, honoriert und sich nicht wie ein C-Kunde stundenlang beraten lässt und dann für 250 Euro bucht oder, schlimmer noch, im Internet fremdgeht. Ein guter Freund/A-Kunde würde sowas nie tun. Denn ein guter Freund lässt einen guten Freund nicht hängen.

A-Kunden verdienen Ihr Beziehungsmanagement nicht nur, sie honorieren es auch.

## Die Fairness-Diskussion

Es sind vor allem Expedientinnen, die manchmal mit dem Beziehungsmanagement Probleme haben. Was erstaunt, wenn man bedenkt, dass Frauen im Vergleich zu Männern gemeinhin als beziehungsorientierter gelten. Das Problem, das sie haben, ist ein ganz spezielles. Manche sagen: „Aber ich kann doch meine Kunden nicht ungleich behandeln! Ich möchte C-Kunden nicht schlechter behandeln als A-Kunden.“

Eine verständliche und legitime Einstellung – die eine Expedientin jedoch um keinen Preis ihrem Chef verraten sollte. Denn dieser wäre kaum begeistert davon, wenn rentable A-Kunden zugunsten von kaum rentablen C-Kunden vernachlässigt würden.

Doch im Grunde ist das alles ein großes Missverständnis: Niemand verlangt von ExpedientInnen, dass sie C-Kunden schlecht behandeln oder gar vom Beziehungsmanagement ausnehmen sollen. Wenn Sie einen C-Kunden wegen einem Allgäu-Wochenende beraten, von dem Sie schon ahnen, dass er nachher ins Internet geht, dann dürfen Sie sich ruhig auch nach seinen Kindern erkundigen, wenn er diese erwähnt. Machen Sie ruhig Beziehungs-Talk.

Wenn danach dann ein A-Kunde vorbeischaut, werden Sie eben etwas länger über seine beruflichen Sorgen und seine Urlaubsträume reden. Denn mit einem engen Freund redet man eben anders als mit einer flüchtigen Bekanntschaft. Das ist privat genau so wie im Beruf.

Es gibt also nicht wirklich einen diskriminierenden Unterschied zwischen A- und C-Kunden, was das Beziehungsmanagement anbelangt.

## Beziehungsmanagement extrem: Der Internet-Winker

Wenn wir in Workshops und Trainings über Beziehungsmanagement reden, kommt regelmäßig auch die Frage: „Aber wie kann ich beziehungsorientiert Kunden beraten, die schon mit dem Internet-Ausdruck in der Hand reinkommen? Die würde ich am liebsten hochkant wieder rauswerfen!“

Keine Frage, eine menschliche und verständliche Regung. Aber total daneben. Warum? Wahrscheinlich kommen Sie selber drauf:

| Wenn ein Kunde mit Internet-Ausdruck hereinspaziert, rufen Sie Hallelujah und gratulieren Sie sich innerlich. |
| --- |

Denn das ist ein Kunde, der sich noch nicht entschieden hat, ob er gefühlskalt und beziehungslos im Internet oder beziehungsorientiert und menschlich im Reisebüro buchen möchte. Heißen Sie Ihre Chance willkommen, ihn vom überragenden Nutzen einer beziehungsorientierten Beratung zu überzeugen. Mit Beziehungsmanagement ist das kein Problem für Sie.

## Die Reisebüro-Touristen

Die Reisebüro-Touristen wandern von einem Reisebüro zum anderen, um sich in jedem Reisebüro mehr oder weniger dieselben Angebote zeigen zu lassen. Erfahrene ExpedientInnen sehen es Besuchern oft schon an der Nasenspitze, spätestens nach 20 Minuten Beratung an: „So eine Sauerei! Die stehlen mir hier nur die Zeit! Lassen sich lang und breit beraten, buchen aber doch nichts!" Eine verständliche Reaktion. Wer in Beziehungsmanagement fit ist, wird so nicht mehr reagieren.

Denn er/sie weiß: Wer auch diese Kunden ernst nimmt und sie nicht bloß fachkompetent berät, sondern eine echte Beziehung zu ihnen aufbaut, kriegt den Zuschlag. Die Angebote und Preise der einzelnen Reisebüros sind alle mehr oder weniger vergleichbar. Da holt die Buchung immer das Reisebüro, das die bessere Beziehungsqualität bieten kann.

## Was Beziehungsmanagement leistet

Kennen Sie das Phänomen? Es gibt Kunden, die kommen seit 15, 20 oder gar 30 Jahren zum selben Expedienten, derselben Expedientin oder Reisebüroleiterin. Wie schaffen diese ExpedientInnen das? Wie erreichen sie diese Kundentreue? Ich meine, solche Kunden sind doch eine Umsatzgarantie, eine lebende Existenzsicherung. Wie viele dieser supertreuen und zahlungskräftigen Stammkunden bräuchten Sie, um mit ihnen allein gut leben zu können? Wissen Sie was? Die gut geführten Reisebüros haben genau diesen Schatz an Stammkunden. Deshalb brauchen sie sich auch nicht im tiefsten Konjunkturtal Sorgen um ihre Zukunft zu machen.

Wie schaffen die das? Indem sie beziehungsorientiert handeln. Zwei Beispiele. Expedientin Beate ruft bei einer ihrer Stammkundinnen an, um ein Buchungsdetail zu klären. Nebenbei erfährt sie, dass sich eben die kleine Tochter der Kundin den Finger eingeklemmt hat. Beate geht in ihrer Mittagspause in den Supermarkt, kauft eine große Get-well-Karte und ein Päckchen Gummibären und schickt beides in einem großen Kuvert des Reisebüros an die Kundin.

Expedient Alex hat einen guten Kunden, der seit Jahren von Australien träumt. Leider reicht das Geld noch nicht dafür. Als Alex abends vor dem TV relaxt, sieht er zufällig, dass auf VOX eine Super-Doku über Australien läuft. Er nimmt eine Video-Kassette auf und schickt sie dem Kunden mit einer netten Widmung: „Es klappt bestimmt bald."

Und nun eine Frage: Wie hoch schätzen Sie die Wahrscheinlichkeit, dass Alex' oder Beates Kunden jemals in einem anderen Reisebüro buchen werden? Null Prozent? Gute Schätzung. Beide Kunden werden ihr Leben lang ihren ExpedientInnen treu bleiben und fleißig Umsatz bringen. Warum? Wegen dem tadellosen Beziehungsmanagement.

Wenn so ein tadellos gepflegter Kunde an einem anderen Reisebüro mit einem tollen Angebot im Schaufenster vorüber geht, sieht er beides gar nicht, weil für ihn die tolle Beziehung zu seinem

Expedienten viel wichtiger ist als das tolle Angebot. Merke: Nicht Preise oder Angebote verkaufen, sondern Beziehungen.

## Beziehungsmanagement ist Chefsache

Wenn Beziehungsmanagement so gnadenlos gut ist, lautet die Millionen-Euro-Frage: Wie schaffen Sie als Chef es, dass Ihre Mitarbeiter Beziehungsmanagement betreiben?

- Sicher nicht per Anweisung.
- Sicher nicht mit Appellen und guten Worten.
- Sicher nicht mit Druck.
- Und sicher schaffen die Mitarbeiter das auch nicht von alleine.

Beziehungsmanagement ist wie Tennisspielen, Segeln oder Englisch auch: Man lernt das nicht über Nacht oder bloß weil der Chef das einem aufträgt. Sondern

- indem die Mitarbeiter erst einmal für das Thema sensibilisiert werden. Am besten macht das der Chef.
- indem sie ein Basistraining bekommen. Das kann der Chef oder ein externer Trainer machen.
- indem ein Muster-Kundenprofil (s.o.) gemeinsam erstellt und verabschiedet wird. Das macht der Chef gemeinsam mit dem Team.
- indem der Chef Beziehungsorientierung täglich und konsistent vorlebt und zwar nicht nur gegenüber externen, sondern auch gegenüber internen Kunden (richtig geraten, diese nennt man Mitarbeiter).

- indem der Chef täglich beziehungsorientiertes Verhalten seiner MitarbeiterInnen fordert und fördert, das heißt lobenswertes Verhalten lobt und tadelnswertes Verhalten coachend mit dem Betreffenden bespricht.
- indem das ganze Team jeden Tag versucht, noch ein Stück mehr über die Kunden zu erfahren um ihnen noch ein Stück näher zu kommen. Der Umsatz kommt dann von ganz allein.

## Die erstaunliche Wirkung von Beziehungsmanagement

Wenn ich zwecks Beratung oder Training und Coaching durch die Republik reise, treffe ich immer mal wieder auf grandiose Beispiele für vorbildliches Beziehungsmanagement. In einer deutschen Stadt mit vier Reisebüros einer Kette wurde eine Expedientin von einer Filiale zur nächsten versetzt. In ihrem alten Reisebüro machte sie 900 000 Euro Jahresumsatz – in ihrem neuen auch. Und zwar aus dem Stand. Warum?

Sie erraten es vielleicht: Weil sie alle ihre Kunden mitnahm. Das heißt, sie nahm sie nicht wirklich mit. Niemand kann Kunden in der Tasche mitnehmen. Die Kunden sagten lediglich im alten Reisebüro: „Wo ist denn die Frau ... abgeblieben? Wo sitzt die jetzt? Okay, dann gehe ich dort hin. Und tschüss."

Wieso tun Kunden das? Die Angebote im neuen Reisebüro sind nicht besser. Sie sind nicht billiger. Also bleibt doch wohl als einzige Schlussfolgerung: Nicht Preis oder Angebot machen den Deal, sondern das Beziehungsmanagement.

| Beziehungsmanagement sieht den Kunden als Freund. |
|---|

Ich fragte die Expedientin, wie sie es geschafft habe, ihre Kunden so perfekt zu binden. Sie sagte nichts, sondern holte einen Leitz-Ordner auf den Tisch und meinte: „Da sind alle meine A-Kunden drin mit allen Informationen, die ich über sie habe.“

Sie kennt diese Kunden inzwischen so gut, dass diese sie auch auf ihre Partys einladen, auf der Straße mit ihr plaudern – und vor allem ihren Freunden, Verwandten und Bekannten empfehlen.

Gutes Beziehungsmanagement löst gutes Empfehlungsmarketing aus.

Aus diesen Empfehlungen heraus rekrutiert die Expedientin weitere A-Kunden, die sie wiederum weiter empfehlen ... und so weiter. Beziehungsmanagement ist in diesem Stadium ein Perpetuum Mobile: Es läuft ganz von alleine.

Warum empfehlen die A-Kunden ihre Expedientin weiter? Weil sie wissen und das in ihrer Empfehlung auch aussprechen: „Die will dir nicht bloß eine Reise verkaufen, die kümmert sich auch ganz persönlich um dich und deine Wünsche. Die interessiert sich auch für dich als Mensch und nicht nur als Kunde.“

## Die Gefahren von Beziehungsmanagement

Wie? Etwas so Gutes wie Beziehungsmanagement birgt auch Gefahren? Aber sicher. Vielleicht haben Sie die Gefahr schon bemerkt: Hätten Sie die vorbildliche Expedientin von eben auch gerne in Ihrem Reisebüro? Ja und nein. Ja, weil sie 900 000 Euro macht und nein, weil sie diese ruckzuck mit sich nehmen kann, wenn sie das Reisebüro verlässt. Deshalb muss Beziehungsmanagement so gemanagt werden, dass es dem Unternehmen nützt und nicht schadet:

1. Je besser ein(e) ExpedientIn Beziehungsmanagement betreibt, desto besser müssen Sie Beziehungsmanagement betreiben – mit ihm/ihr! Wenn der Mitarbeiter sich nicht wie ein Mitarbeiter, sondern wie ein guter Freund behandelt fühlt, denkt er nämlich nicht im Traum daran, Sie zu verlassen und die Kunden mitzunehmen. Das nennt man übrigens Retention Management: Mitarbeiter bei der Stange halten.
2. Sorgen Sie dafür, dass alle Kundendaten von allen ExpedientInnen allen ExpedientInnen zugänglich sind. Damit im Falle von Krankheit oder Weggang eines Mitarbeiters kein Loch ins Beziehungsmanagement gerissen wird.
3. Gehen Sie periodisch die Kundenunterlagen von ExpedientInnen gemeinsam mit diesen durch, um sicherzustellen, dass die Unterlagen immer schön gepflegt, aktuell und vollständig sind. Mit gepflegten Unterlagen arbeitet der Mitarbeiter leichter und erfolgreicher – und Sie können sicher sein, dass alles Kunden-Know-how auch außerhalb der Köpfe der Mitarbeiter dokumentiert ist.

## Vorsicht, IT-Falle!

Viele Führungskräfte in der Touristik nehmen begeistert die Idee vom Beziehungsmanagement auf. Sie erkennen recht schnell, dass ein Leitz-Ordner mit Kundenprofilen zwar gut, ein Computerprogramm zur Pflege der Kundendaten jedoch viel besser ist. Also beschäftigen sie sich intensiv mit der Frage: Was ist das beste Programm für mein Beziehungsmanagement? Sie gehen auf Messen, sie lassen sich Informationsmaterial kommen. Wer pflegt in dieser Zeit ihre Kunden? Wer macht das Beziehungsmanagement?

| Beim Beziehungsmanagement geht es um die Pflege der Beziehung zum Kunden – nicht um die Verwaltung von Kundendaten! |
|---|

Begraben Sie sich nicht selbst in Verwaltungskram. Auch hier gilt der Grundsatz: So viel Beziehungspflege wie möglich, aber nur so viele Verwaltungskram und Computerspielerei wie nötig. Jede Minute, in der Sie sich vor echten, lebenden Kunden hinter einem PC-Bildschirm verstecken, schadet Ihnen mehr als der Spaß am neuen IT-Spielzeug bringt.

## Schon bemerkt?

Was ist der größte Vorteil von Beziehungsmanagement? Dass es so überaus wirksam ist? Ja, auch. Aber welchen Vorteil bewerten Reisebüroleiter noch höher? Das ist allerdings ein fast unglaublicher Vorteil:

> Beziehungsmanagement ist nicht nur ein unvergleichlich wirksames Instrument, es ist darüber hinaus auch noch prinzipiell kostenlos!

Ein freundliches Lächeln, die Frage nach den Kindern, sich an die Urlaubsmotive des Kunden zu erinnern und sie anzusprechen kostet keinen Heller. Sie brauchen also kein Mega-Marketing-Budget, um in den heutigen verrückten Märkten überleben zu können. Im Gegenteil. Man sagt, dass die Großen der Branche ihre Millionen-Budgets nur deshalb brauchen, weil sie kein funktionierendes Beziehungsmanagement auf die Beine bekommen.

Beziehungsmanagement ist die Steinschleuder, mit der David gegen Goliath nicht nur eine Chance hat, sondern immer ein großes Stück vom Kuchen abbekommen wird. Das liegt direkt in der menschlichen Natur begründet. Der Mensch ist ein Beziehungstier. Eine gute Beziehung geht ihm über alles.

## Wenn das so gut ist, warum machen es dann nicht alle?

Eine berechtigte Frage. Die Antwort ist: Weil Beziehungsmanagement eine andere Perspektive erfordert. Die meisten Führungskräfte sehen bislang hauptsächlich die Angebote, Preise und Reisen. Den Verwaltungskram, das Kaufmännische, den großen Aufwand. Der Kunde kommt irgendwo ganz hinten.

Beziehungsmanagement nimmt eine andere Perspektive ein. Es sagt: „Vergiss mal die Reisen und die Preise für einen Augenblick und lass uns beim Kunden anfangen. Wie geht's ihm? Was sind seine Träume? Wie können wir sie ihm erfüllen?" Merken Sie, wie allein diese Gedanken Sie innerlich befreien von dem ganzen Verwaltungskram und dem täglichen Ärger? Das ist die Macht von Beziehungsmanagement.

> Beziehungsmanagement ist ein Win-Win-Instrument: Es tut beiden gut. Ihnen und den Kunden.

Der Haken ist nur: Solange Sie nicht zu dieser Perspektive wechseln – täglich, stündlich, wenn es sein muss minütlich – stecken Sie weiter im Hamsterrad fest.

> Es ist einfach, die Perspektive zu wechseln. Aber es fällt nicht leicht.

Wer sich die Mühe macht, seine Perspektive gegen den Zwang der Gewohnheit zu ändern, wird mit Erfolg in ungeahnter Größe belohnt.

## Was es Ihnen bringt

Probieren Sie Beziehungsmanagement aus. Sie werden feststellen: Das ist eine ganz andere Denke, eine neue Welt der Kundenberatung. Sie macht einen Riesenspaß. Vor allem, weil Sie schnell feststellen werden, dass Kunden ganz anders, intensiver, positiver darauf ansprechen als auf alle anderen Marketing-Maßnahmen. Wer Beziehungsmanagement betreibt

- bindet Kunden nachhaltig an sein Unternehmen
- kommt leichter und schneller zum Abschluss
- hat mehr Spaß bei der Beratung
- hat die pflegeleichteren Kunden
- ist nicht mehr von Konjunkturschwankungen abhängig
- schafft sich quasi seine eigene Konjunktur
- wird resistent gegen Mitbewerb und neue Vertriebswege
- kann sich erfolgreich gegen das Internet behaupten
- hat mehr Spaß bei der Arbeit, arbeitet mit größerer Motivation
- hat auch die motivierteren Mitarbeiter
- hat vor allem viel mehr Erfolg im Business. Wie der alte Spruch schon sagt:

It's a people's business! Es geht um Menschen, nicht um Reisen.

Kurz und gut: Beziehungsmanagement ist eine radikale Umstellung, ein sogenannter Paradigmenwechsel, der sich finanziell und menschlich für Sie lohnt.

# 9 Mitarbeiter einbinden

## *Ihr Marketing ist nur so gut wie Ihre Mitarbeiter*

### Der Haken am Marketing

In den vorangegangenen Kapiteln haben Sie etablierte, praxisgetestete, altbewährte Marketing-Instrumente kennengelernt. Warum sind diese altbewährt? Weil sie nachweisbaren Erfolg bringen. Wo ist dann der Haken?

Für alle Marketing-Maßnahmen benötigen Sie Mitarbeiter.

Das ist der Haken am Marketing. Oder wie ein Reisebüroleiter das mal ausdrückte: „Mein Job wäre ein Traumjob – wenn nicht ständig die Mitarbeiter oder die Kunden stören würden!“ Der Faktor Mensch ist der Engpassfaktor beim Marketing. Wie Sie sicher auch schon festgestellt haben, setzen Mitarbeiter Marketing-Maßnahmen nicht unbedingt motiviert, engagiert und erfolgreich um, sondern

- ziehen bei Marketing-Aktionen eher halbherzig und nachlässig mit
- ziehen zwar mit, aber wissen bei der Kundenberatung offensichtlich nicht so genau, in welche Richtung die Aktion laufen soll
- zeigen wenig Motivation selbst für die tollsten Aktionen
- spielen, wie ein Reisebüroleiter das mal formulierte „Mitarbeiter-Mikado“: „Wer sich zuerst bewegt, hat verloren.“

## Gute Mitarbeiter, gutes Marketing

Eine Reisebüroleiterin meinte mal betrübt über ihr Team: „Mit diesen Mitarbeitern ist ein modernes Reisebüro-Marketing doch gar nicht möglich!“ Da ist viel Wahres dran.

In den meisten Reisebüros sind die Mitarbeiter tatsächlich noch nicht fit fürs Marketing.

Die einzig zulässige Schlussfolgerung daraus lautet: Dann machen Sie sie eben fit! Schön gesagt. Aber, bitte, wie soll das gehen?

## Mitarbeiter-Fitness: So nicht!

Die meisten Vorgesetzten haben schon erkannt, dass mit ihren Mitarbeitern marketingmäßig kein Blumentopf zu gewinnen ist. Was tun sie dagegen?

- Sie schwören ihre Mitarbeiter ein: „Das packen wir doch!“
- Sie drohen ihnen, wenn sie nicht mitziehen.
- Sie nörgeln: „Ihr zieht überhaupt nicht richtig mit!“
- Sie peitschen sie an: „Wir brauchen mehr Buchungen!“

Das haben Sie auch alles schon probiert? Und? Wie hat's gewirkt? Lassen Sie mich raten: enttäuschend. Wenn überhaupt, dann nur kurzfristig und schwach. Eigentlich ist das logisch, denn:

Wenn Appelle, Drohungen und Einpeitschen Motivation wären, dann hieße Motivation nicht Motivation, sondern Appellieren, Drohen oder Einpeitschen.

## Was ist Motivation?

Dass Drohen, Einpeitschen und Appellieren nicht wirklich funktioniert, haben wir alle schon bemerkt. Trotzdem versuchen wir es immer wieder. Warum? Dumme Frage, was soll man denn sonst tun?

Verrückt, oder? Da hat doch jeder von uns Mitarbeiter. Manche seit Jahrzehnten. Und trotzdem wüssten wir nicht, was wir in einem Satz sagen sollten, wenn uns jemand danach fragt, was Motivation ist.

Das ist kein Vorwurf. Schließlich bringt uns das auch keiner bei. Und wenn wir ein Buch über Motivation lesen oder ein Seminar besuchen, dann wird das Thema derart künstlich verkompliziert, dass uns danach zwar der Kopf brummt, wir aber immer noch nicht in einem Satz sagen können, was Motivation ist. Deshalb machen wir es uns einfach:

Mitarbeiter, die kennen, können und wollen, sind motiviert.

Einfacher geht's nicht mehr.

## Ziehen Sie den Wagen nicht selbst!

Weil viele Unternehmer und Führungskräfte nicht wissen, wie einfach Motivation im Grunde ist, lösen sie das Problem demotivierter Mitarbeiter auf eine fatale Weise: Wenn die Mitarbeiter nicht mitziehen wie gewünscht, machen sie die Sache eben selber. Motto: „Wenn man möchte, dass es gut wird, muss der Chef das schon selber machen!"

Haben Sie auch schon gesagt und gemacht? Wie lange? Das ist die Crux: Lange hält das selbst der stärkste Kerl nicht aus.

Es macht Sie kaputt, den Wagen selber ziehen zu wollen. Nehmen Sie den Pferden nicht die Arbeit ab!

Kein Kutscher würde das tun. Er würde lieber versuchen, sein Gespann doch noch irgendwie zu motivieren. Zum Beispiel mit der Zauberformel Kennen – Können – Wollen.

# *Kennen Ihre Mitarbeiter genug?*

## Kennen Ihre Mitarbeiter alles, was sie wissen müssen?

Wenn Mitarbeiter halbherzig, lustlos und demotiviert erscheinen, sind sie in den seltensten Fällen tatsächlich halbherzig, lustlos oder demotiviert. Wir merken das leider nur oft genug nicht, weil wir sofort mit dem Werturteil zur Hand sind: „Mein Team ist mal wieder total lustlos drauf!“

Bevor Sie jemanden der Lustlosigkeit bezichtigen, prüfen Sie lieber erst nach, ob er überhaupt alles weiß, was er wissen muss, um gute Arbeit zu leisten.

Die meisten Motivationsprobleme sind nämlich keine, sondern Informationsprobleme. Viele Vorgesetzte können das nicht glauben. Sie wenden ein:

## Meine Mitarbeiter wissen, was ich von ihnen erwarte!

Eben weil dieser Satz so häufig von Vorgesetzten geäußert wird, hat die internationale Gallup-Organisation ihn mittels einer Studie geprüft und herausgefunden: Stimmt gar nicht!

Nahezu 70 Prozent aller Mitarbeiter wissen nicht wirklich, was der Chef von ihnen erwartet.

Wieso wissen das viele Vorgesetzte nicht? Weil sie Erwartung mit Information verwechseln. Bloß weil ihnen völlig klar ist, was sie von den Mitarbeitern erwarten, erwarten sie auch, dass das den Mitarbeitern klar ist. Träfe das zu, müssten alle Mitarbeiter Telepathen sein ... Dass sie es eben nicht sind, erleben wir täglich: Mitarbeiter tun nicht das, was von ihnen erwartet wird. Macht man sich die Mühe, die Mitarbeiter deshalb mal ins Gebet zu nehmen und nachzufragen, woran das liegt (was kaum einer macht), kommt dabei überraschend häufig heraus: Die wissen oft gar nicht wirklich, worum es geht!

Wissen Ihre Mitarbeiter alles, was sie wissen müssen, um gute Arbeit zu leisten?

## Checkliste: Was Mitarbeiter wissen müssen

Wenn Sie den Eindruck haben, dass Ihre Mitarbeiter nicht so motiviert wie gewünscht Ihre Marketing-Maßnahmen unterstützen, prüfen Sie nach:

- ❑ Kennen die Mitarbeiter überhaupt unsere Marketing-Strategie?
- ❑ Kennen sie unsere strategischen Ziele?

- ❑ Kennen sie unsere strategischen Zielgruppen?
- ❑ Kennen sie deren Urlaubsmotive?
- ❑ Können sie die laufende Marketing-Aktion umfassend erklären?
- ❑ Kennen sie die Ziele der laufenden Aktion?
- ❑ Kennen sie ihre persönlichen Ziele innerhalb der Aktion?
- ❑ Kennen sie ihre persönlichen Aufgaben und Verantwortlichkeiten innerhalb der Aktion?
- ❑ Wissen sie, was der Chef auf keinen Fall bei dieser Aktion erleben möchte? Haben Sie ihnen das konkret genug erklärt?

> Je besser ein Mitarbeiter informiert ist, desto motivierter ist er auch.

Nur wer gut informiert ist, kann auch zielgerichtet arbeiten. Viele Vorgesetzte wenden an dieser Stelle ein:

## Aber das habe ich denen doch alles schon erzählt!

Wer hätte das nicht schon gesagt? Die Annahme dahinter lautet: „Es reicht, einem Mitarbeiter etwas einmal zu sagen, damit er's kapiert und ausführt." Diese Annahme ist zwar verständlich, aber faktisch falsch:

> Repetition is the mother of skills. Wiederholung ist die Mutter der Motivation.

Einmal ist keinmal. Wie oft müssen Sie Ihren Mitarbeitern die Fakten der laufenden Aktion runterbeten? So oft wie nötig. So oft, bis die Mitarbeiter sie in- und auswendig kennen. Faustgröße: Ein halbes Dutzend mal reicht meist.

Wenn Sie einem Mitarbeiter eine Aktion ein halbes Dutzend mal verklickert haben und er immer noch nicht tut, was Sie von ihm erwarten, ist immer noch nicht die Vermutung gerechtfertigt, dass er lustlos und unmotiviert ist. Sondern eher, dass er nicht tun kann, was er tun soll.

## Verstehen Ihre Mitarbeiter Sie?

Lassen Sie sich von Ihren Mitarbeitern doch mal Ihre Marketing-Strategie erklären. Und dann wundern Sie sich, was die Mitarbeiter so alles von sich geben. Diese kleine Übung können und sollten Sie regelmäßig mit allem machen, von dem Sie bislang voraussetzten, dass es Ihre Mitarbeiter „eigentlich wissen müssten". Das Erlebnis ist jedesmal ernüchternd.

Verkneifen Sie sich Ausbrüche wie: „Verdammt nochmal, wie oft muss ich das denn noch sagen, bis Sie es kapieren?" Das ist zwar verständlich, aber ein wenig peinlich:

> Wenn Ihre Mitarbeiter nicht das wissen, was sie wissen sollten, liegt das nicht an den Mitarbeitern.

Kommunikation entsteht immer beim Empfänger. Das heißt: Wenn der Empfänger etwas nicht kapiert oder memoriert hat, liegt das nicht am Empfänger, sondern am Sender. Der Sender hat es einfach nicht geschafft, die nötige Wirkung beim Empfänger zu erzielen.

Wenn ein Mitarbeiter etwas immer noch nicht wiedergeben kann, liegt es nicht an seiner Vergesslichkeit, sondern daran, dass Sie es ihm noch nicht

- ausreichend oft
- ausreichend intensiv
- verständlich genug
- markant und prägnant genug

gesagt haben. Holen Sie dieses Versäumnis nach.

In Trainings machen wir auch oft die folgende Übung. Ein Mitarbeiter sagt, was er glaubt, was der Chef von ihm erwartet und was er selbst von sich erwartet. Danach sagt der Chef, was er glaubt, das der Mitarbeiter von ihm erwartet und was er selbst vom Mitarbeiter erwartet. Das ist jedesmal eine Osram-Veranstaltung: Chef und Mitarbeitern geht ein Licht auf. Auf diese Weise kommt meist heraus, dass man oft jahrelang aneinander vorbeigeredet hat.

Ihre Erwartungen an andere sind niemals so klar, wie Sie annehmen.

# *Können Ihre Mitarbeiter genug?*

## Reichen die Fähigkeiten für die Aufgabe?

Diese Frage wird leider zu selten gestellt. Viele Führungskräfte setzen voraus, dass jemand, der in einem Reisebüro arbeitet, auch Reisen verkaufen kann. So verständlich diese Annahme ist, sie ist falsch.

Wer jahrelang Bahntickets verkauft hat, kann nicht von heute auf morgen Kreuzfahrten verkaufen.

Zumindest kann er/sie das nicht gut genug. Leider wird die Frage nach der Qualifikation der Mitarbeiter selten gestellt. Warum? Weil man in der Hetze des Alltags schon genug anderes zu tun hat. Das mag sein, aber mit dieser Einstellung überleben Sie die nächsten fünf Jahre möglicherweise nicht. Das haben Sie auch schon erkannt? Dann lassen Sie uns die richtigen Fragen stellen.

## Checkliste: Das Aktions-Anforderungsprofil

Die Schlüsselfrage ist: Kann der Mitarbeiter alles, was zum Erfolg der aktuellen Marketing-Aktion nötig ist?

- ❑ Welche konkreten Fähigkeiten benötigt die aktuelle Aktion überhaupt? Das ist das Soll, das Anforderungsprofil. Formulieren Sie locker, konkret und umgangssprachlich.
- ❑ Der Ist-Zustand: Über welche von diesen benötigten Fähigkeiten verfügt der Mitarbeiter bereits?
- ❑ Wo hat er noch Qualifikationsbedarf?
- ❑ Mit welcher Maßnahme können Sie diesen Bedarf decken?

Sie können den Bedarf natürlich mit einem externen Trainer oder Coach decken. Sie können ihn aber auch intern decken. Eine gute Führungskraft verfügt auch über etwas Trainings- und Coaching-Kompetenz.

Weil „Die Führungskraft als Personalentwickler, Trainer und Coach" zwar ein modisches Stichwort ist, aber in der Praxis noch nicht so geläufig, exerzieren wir das jetzt an einem Beispiel durch.

## Praxisbeispiel: Bad Practice

Ein Reisebüro plant eine Marketing-Aktion für einen Robinson-Club. Der Büroleiter lässt eifrig Handzettel verteilen und schaltet auch eine Anzeige in der Lokalzeitung. Doch in den ersten Tagen verläuft die Aktion eher schleppend. Der Reisebüroleiter beschwert sich: „Bei dieser Konjunkturlage sparen die Leute ihr Geld lieber, als zu reisen." Wenn's nicht so läuft, sucht jeder erst mal die Schuld bei der Konjunktur, den Veranstaltern, den Kunden, dem Wetter, ...

Ein Gespräch mit den ExpedientInnen im Reisebüro entlarvt den eigentlichen Grund für den Misserfolg der Aktion. Ein Expedient sagt mir, angesprochen auf die laufende Marketing-Aktion: „Ja, der Chef macht wohl wieder grad was. Moment, hier irgendwo muss doch sein Handzettel sein. Wer weiß, was er sich diesmal wieder dabei gedacht hat." Hoppla? Offensichtlich hat der Büroleiter den Handzettel ohne weitere Hinweise einfach nur an seine Mitarbeiter ausgehändigt. „Lesen können die ja wohl selber", wird er sich dabei gedacht haben. Und motivieren auch? Wozu gibt es wohl Führungskräfte, wenn die Mitarbeiter doch alles selber machen müssen?

Als ich mich weiter mit den Mitarbeitern unterhalte, kommt Schlimmes zutage: Einige Mitarbeiter kennen die beworbene Anlage – und finden sie nicht gerade prickelnd. Außerdem sind einige Expedientinnen mit zwei, drei Aussagen auf dem Handzettel nicht einverstanden.

Das muss man sich mal vorstellen. Da macht sich der Büroleiter viel Mühe mit dem Handzettel und gibt viel Geld für die Anzeige aus, und dann kommt der interessierte Kunde zu einem Expedienten, der

1. nicht vorbereitet ist
2. nicht motiviert wurde
3. inhaltlich nicht hinter dem Angebot steht
4. den Kunden deshalb sehr zurückhaltend berät.

Dann kann der Kunde sein Geld doch gleich zum Mitbewerber tragen!

Eine Marketing-Kette ist nur so stark wie ihr schwächstes Glied. Meist ist das der Mitarbeiter.

## Best Practice: Empowerment der Mitarbeiter

Als der Reisebüroleiter erkennt, dass seine eigenen Mitarbeiter unfreiwillig seine Marketing-Aktion sabotieren, rastet er glücklicherweise nicht aus. Er ist ein guter Manager, der angemessen zu reagieren weiß: Er ist erschüttert – und schreitet sofort zur Tat. Er empowert seine Mitarbeiter, wie das neuhochdeutsch heißt:

1. Er erklärt erst mal die Aktion. Das Warum und Wozu. Viele Einwände der Mitarbeiter lösen sich schon dabei auf: „Warum hat er das nicht gleich gesagt?" Weil er wie viele Chefs dachte: „Aber das müssen meine Mitarbeiter doch wissen, was ich damit erreichen will!" In der Regel nein.
2. Er stellt die Zielgruppen der Aktion inklusive Buchungsmotiven dar. Sofort springt sein Team an: „Schon klar, aber wie spreche ich die Motive bei der Beratung konkret an?"
3. Als Antwort auf diese Frage erstellen Chef und Team gemeinsam einen sogenannten GeLF, einen Gesprächsleitfaden mit überzeugenden, motivgeleiteten Musterformulierungen.

4. Weil der Chef merkt, dass einige ExpedientInnen Probleme haben, die Musterformulierungen flüssig über die Lippen zu bringen, macht das Team eine halbe Stunde lang Rollenspiele. Das macht allen Riesenspaß, was die Motivation für die Aktion weiter erhöht.

Das ist auch das, was Sie in dieser Situation gemacht hätten? Stimmt. Das ist das, was einem der gesunde Menschenverstand sagt. Marketing ist nichts anderes als gesunder Menschenverstand – man muss lediglich auf ihn hören ...

## Katalogchinesisch übersetzen

Viele Marketing-Aktionen werden nicht von den Mitarbeitern, sondern von den Katalogen sabotiert. Man sollte annehmen, dass die Veranstalter mit ihren hoch bezahlten Marketing-Abteilungen zumindest so clever sein müssten, ihre eigenen Angebote hervorragend zu promoten. Aber das können oder wollen sie offensichtlich nicht immer.

In Katalogen steht oft Fachchinesisch. Es ist ungeeignet zum Verkauf.

In Katalogen stehen normalerweise Merkmale von Angeboten – keine Vorteile. Ein Merkmal ist eine objektive Beschreibung einer Angebotseigenschaft („in Strandnähe"). Ein Vorteil ist dagegen das, was der Kunde subjektiv davon hat. Was hat er davon? Das hängt von seinen Buchungsmotiven ab. Sucht er zum Beispiel Ruhe und Erholung, ist die Übersetzung des Katalogchinesisch ins Nutzendeutsche zum Beispiel: „Strandnähe heißt, nicht direkt am Strand. Den ganzen Trubel und Lärm an der Strandpromenade kriegen Sie also gar nicht mit. Das ist nachts natürlich sehr erholsam (Motivansprache)."

Diese Dolmetscher-Tätigkeit ist ein zentraler Erfolgsfaktor für jede Marketing-Aktivität. Weil sie eher zur Kundenberatung als zum Marketing gehört, finden Sie sie in meinem Ratgeber „Mehr Erfolg am Counter“ vertieft.

# *Wollen Ihre Mitarbeiter überhaupt?*

## Mitarbeiter sollen kennen, können und auch wollen

Wenn ein Mitarbeiter seine Aufgabe *kennt* und sie auch ausführen *kann*, sie aber trotzdem nicht zu Ihrer Zufriedenheit erledigt, wird's langsam kritisch. Für ihn. Was macht ein solcher Mitarbeiter in Ihrem Unternehmen? Das ist doch glatte Arbeitsverweigerung!

Mag sein, doch dieser Vorwurf, ja nicht einmal dieser Gedanke bringt Sie weiter. Was Sie erleben, ist ein massives Motivationsproblem.

> Wenn ein Mitarbeiter seine Aufgabe kennt und kann, aber trotzdem nicht so richtig will, kann das viele Gründe haben.

Er kann zum Beispiel gerade private Probleme haben oder persönliche Probleme mit einem Kollegen oder gar mit Ihnen. Manche Chefs, vor allem manche Chefinnen meinen, sie müssten den Mitarbeiter in dieser Lage in Gesprächstherapie nehmen: „Was bedrückt Sie denn gerade?“ Das geht meist schief. Denn ein Chef ist nun einfach mal kein Therapeut. Es fehlt ihm/ihr das Handwerkszeug. Deshalb geht die Therapiesitzung daneben: Der Mitarbeiter „kotzt“ sich stundenlang richtig aus – und ändern tut sich trotzdem nichts. Das haben Sie auch schon festgestellt? Aber was soll man denn sonst tun? Das Problem an der Wurzel, nicht an den Symptomen anpacken.

Wenn ein Mitarbeiter zu wenig Motivation hat, dann geben Sie ihm mehr!

## Was jede(n) jederzeit motiviert

Es gibt einen Motivator, der alle Menschen zu jedem Zeitpunkt extrem motiviert. Egal, wie schlecht es ihnen gerade privat geht. Einen Motivator, der nicht nur für den Beruf motiviert, sondern der auch therapeutischen Einfluss auf alle anderen Probleme hat, die den Betreffenden zur Zeit demotivieren.

Involvement ist einer der stärksten Motivatoren.

Oder wie eine erfahrene Reisebüroleiterin das ausdrückt: „Mitgestalter sind wesentlich motivierter als Befehlsempfänger." Menschen sind umso motivierter, je stärker sie mitreden dürfen. Gehen Sie in diesem Punkt ruhig von sich aus. Wenn ich Ihnen jetzt zum Beispiel glasklar darlege, dass Sie morgen einen bestimmten Kunden-Event ankurbeln müssen, um Ihren Umsatz zu steigern – wie finden Sie das dann? Seien Sie ehrlich: Ihr spontanes Gefühl darauf ist eher Unlust oder Gleichgültigkeit, wenn nicht Skepsis. Was sagt der Wölkner da? Einen Kunden-Event? Wozu? Warum? Der hat gut reden. Der muss das nachher auch nicht durchziehen.

Und warum, glauben Sie, sollte es Ihren Mitarbeitern anders gehen? Auch Mitarbeiter reagieren umso unmotivierter, je weniger sie mitreden dürfen.

Die Ideen vom Chef sitzt jeder gerne aus. Eigene Ideen sabotiert kein Mensch.

## Lassen Sie Mitarbeiter mitreden

Natürlich nicht bei unternehmerischen oder strategischen Entscheidungen. Dafür tragen Sie als Chef allein die Verantwortung – die Ihnen auch kein Mitarbeiter abnehmen möchte! Auch nicht unbedingt bei der Entscheidung für eine bestimmte Marketing-Maßnahme; aber bei deren *Ausgestaltung*.

Sagen Sie zum Beispiel: „Ich habe mir ungefähr Folgendes ausgedacht: ... Was haltet Ihr davon?“ Und dann hören Sie sich an, was die MitarbeiterInnen zu sagen haben. Keine Angst, Sie müssen das nicht alles 1:1 umsetzen. Das erwarten noch nicht einmal die MitarbeiterInnen. Aber sie erwarten sehr wohl, dass sie gehört werden, mitreden, diskutieren dürfen. Eine simple, einfache Maßnahme? Richtig. Es sind immer die kleinen Unterschiede, die den großen Unterschied machen. Warum wirkt so eine Aussprache Wunder für die Motivation? Die Motivationsforschung hat dafür einen markanten Merksatz:

Betroffene zu Beteiligten machen (nicht zu Beleidigten).

## Ein anderer Führungsstil

MitarbeiterInnen bei der Ausgestaltung von Marketing-Ideen mitreden lassen? Ja, das klingt ungewöhnlich. Aber irgendwie einleuchtend, nicht? Dass der alte Führungsstil „Befehl und Gehorsam“ nicht mehr funktioniert, hat wohl jeder von uns schon erlebt. Die Leute tun zwar daraufhin, was man ihnen sagt, aber nur halbherzig. Außerdem kenne ich keinen Vorgesetzten, der sich in der Rolle des Kasernenhof-Schleifers wohl fühlt. Kein Chef möchte gerne gehasst werden.

Trotzdem ist es für jeden Vorgesetzten eine gehörige Umstellung, team-, mitarbeiterorientiert und partizipativ zu führen. Das ist so ungewohnt, dass es viele Führungskräfte missverstehen: „Heißt das, das mir nun jeder Mitarbeiter dreinreden darf?" Nein, das heißt es natürlich nicht!

Es ist wie im Sport: Alle schießen auf ein Tor, ziehen an einem Strang, segeln im selben Boot – doch einer muss der Coach, der Käpt'n, der Skipper sein. Das erwartet auch jeder Mitspieler.

Ein guter Führungsstil ist ein Balance-Akt: Die Mitarbeiter dort einbeziehen, wo es nötig und sinnvoll ist, und dort eine klare Chef-Ansage machen, wo es nötig und sinnvoll ist.

Wer die partizipative Seite überbetont, hat bald einen Kuschelzoo, in dem sich alle mächtig lieb haben, der aber wirtschaftlich nicht überleben kann, weil keine toughen Entscheidungen mehr getroffen werden. Wer die zielorientierte Seite überbetont, hat bald einen demotivierten Haufen, der ebenfalls nicht überlebt, weil in diesen harten Zeiten eine motivierte Mannschaft ein Erfolgsfaktor ist.

Wenn Führungskräfte zu mir ins Coaching kommen, reden wir oft über diese Balance. Denn sie ist nicht etwas, das man einmal findet und dann nie wieder verlässt. Sie ist eher ein permanenter Prozess, bei dem man jeden Tag abwägen muss, wie weit man in die eine und wie weit man in die andere Richtung geht. Gute Chefs machen das gut und gerne.

Manchmal braucht Ihr Team eine klare Ansage, manchmal möchte es einbezogen werden. Ein guter Chef spürt, was sein Team gerade braucht.

Warum? Weil er wie ein Mannschaftskapitän oder Bundesliga-Trainer immer ein Auge auf sein Team hat: Was macht das Team? Wie geht es den ExpedientInnen gerade? Was brauchen sie heute?

## Was es bringt

Wenn ich ein Reisebüro betrete, kann ich inzwischen schon nach wenigen Minuten sagen, wie erfolgreich das Unternehmen ist. Ohne in die Bücher zu schauen. Ohne die letzte GuV zu kennen. Woran erkenne ich die Lage des Betriebs? An der Stimmung, an der Atmosphäre in der Mannschaft.

Sicher ist Ihnen das auch schon so gegangen. Sie kommen in ein Unternehmen und schon nach fünf Schritten merken Sie:

- Was für eine gute Stimmung hier ist!
- Die Leute sind motiviert, freundlich und engagiert.
- Hier möchte ich auch gerne arbeiten.
- Solche MitarbeiterInnen hätte ich auch gerne!
- Die packen an, die denken mit.
- Die machen weit mehr als der Chef täglich von ihnen verlangt.
- Das sind keine Mitarbeiter, das sind Mitunternehmer.
- Die haben einen Riesenspaß bei der Arbeit und sind trotzdem (nein: gerade deshalb) wirtschaftlich erfolgreich.
- Die haben ein phantastisches Verhältnis zu ihren Kunden.
- Die ziehen Kunden, Buchungen und Erfolg förmlich an.
- Wenn eine Aktion läuft, dann steht jeder Expedient, jede Expedientin voll dahinter und hängt sich rein.

- Die freuen sich darauf, jeden Morgen zur Arbeit zu gehen.

Das alles und mehr ist der Lohn dafür, wenn Sie Ihre Mitarbeiter nach der Kennen-Können-Wollen-Triade führen und ins Business einbeziehen. Das kommt nicht von heute auf morgen. Aber wenn es nach einigen Wochen harter Arbeit kommt, kommt es gewaltig. Sie werden es erleben.

# 10 Das Aktionscontrolling

## Klüger als die Stubenfliege

Wenn ReisebüroleiterInnen Marketing machen, was passiert dann? Lassen Sie Ihrer Erinnerung freien Lauf und vergleichen Sie Ihre Erfahrungen mit denen anderer Führungskräfte aus der Touristik, die sagen:
„Viel Input, wenig Output."
„Das greift noch nicht so, wie es sollte."
„Vor lauter Maßnahmen verliere ich manchmal den Überblick."
„Wir überziehen bei zu vielen Aktionen das ursprüngliche Budget."
„Wir haben zu viele Aktionen."
„Wir machen einfach mal drauf los, ohne die Sache vorher bis zum Ende durchzudenken."
„Irgendwie machen wir immer dieselben Fehler."

Davon haben Sie einiges auch schon gedacht? Dann sind Sie in guter Gesellschaft. Es geht vielen so. Die Managementlehre sagt dazu: Es herrscht ein Zustand der Intransparenz. Viele Reisebüros machen viele Aktionen. Doch viele haben dabei den Überblick verloren. Es werden ständig dieselben alten Fehler gemacht. Unergiebige Aktionen werden wiederholt, während man stärker erfolgversprechende Maßnahmen nicht anpackt. Vielversprechende Aktionen bringen nicht den erhofften Erfolg – aber keiner weiß so recht, woran das liegt. Auch nach der fünften Wiederholung nicht.

Eine Reisebüroleiterin brachte es etwas drastisch auf den Punkt: „Manchmal denke ich, wir sind nicht klüger als die Stubenfliege, die hundertmal gegen die geschlossene Scheibe fliegt, anstatt es woanders zu versuchen." Was fehlt der Fliege? Der Überblick.

Die Fähigkeit, aus eigenen Fehlern zu lernen. Eigentlich verfügt der Mensch über diese Fähigkeit.

## Controlling ist nicht alles, ...

... aber ohne Controlling ist alles nichts. Mindestens einmal im Monat schaut jeder auf seinen Kontostand. Da sieht er/sie dann, wieviel noch drauf ist auf dem Konto, was reinkam und was rausging, ob anstehende Ausgaben abgedeckt sind. Je nach Kontostand verändert man dann seine Pläne für Ausgaben und Anschaffungen. Wie nennt man das? Gesunden Menschenverstand. Neuerdings nennt man es auch Controlling: Die Steuerung des eigenen Verhaltens (hier: Ausgabeverhalten) anhand von konkret kontrollier- und steuerbaren Meßgrößen (Kontostand). Ohne dieses Alltagscontrolling wären wir schnell pleite. Was wir privat ohne Nachzudenken machen, vergessen wir beruflich oft:

| Ohne Aktionscontrolling ist Marketing aussichtslos. |
|---|

Wer seine Aktionen nicht controllt, wiederholt zigmal dieselben dummen Fehler, setzt immer wieder aufs falsche Pferd, überzieht seine Budgets, erzielt mangelhafte Erfolge und verliert recht schnell den Überblick.

| Marketing ohne Controlling ist wie ein Rennwagen ohne Lenkrad. |
|---|

Sie können damit höllisch schnell fahren und eine Menge Krach machen. Aber Sie kommen damit nur durch Zufall auch ins Ziel.

## Schlamperladen

Dass man nach einer Aktion eine Manöverkritik abhalten muss, um es beim nächsten Mal besser zu machen, weiß im Prinzip jede(r). Nur mit der Umsetzung dieses Prinzips in der Realität hapert es. Viele controllen häufig eine besonders wichtige Aktion – die restlichen bleiben uncontrollt. Man hat ja noch so viel Anderes zu tun. Das ist verständlich. Aber ungefähr so, als ob man nur an einem Monat im Jahr den Kontostand anschaut. Die restlichen elf Monate ist man im Blindflug unterwegs. Das kann auch mal gutgehen. Die Wahrscheinlichkeit spricht aber eher dagegen.

Das wissen wir. Warum tun wir's dann trotzdem? Weil viele von uns eben lieber machen als controllen. Die meisten „haben es nicht so mit Zahlen". Viele fürchten sich auch insgeheim vor dem Controlling: „Ich weiß, dass vieles schief gelaufen ist – das muss ich mir und dem Team nicht auch noch hinterher unter die Nase reiben." Was ist das? Eine Fehlerkultur wie bei der späten Christenverfolgung: Fehler = Sünde! Wer so etwas denkt, hat verständlicherweise Hemmungen vor Controlling. Wer so etwas denkt, denkt falsch. Woran wir sehen können: Jedes Management ist nur so gut wie das Self-Management. Eine Führungskraft kann andere nur so gut führen, wie sie sich selbst führen kann. Wer mit einem veralteten und repressiven Fehlerverständnis belastet durch die Welt läuft, macht sich selbst das Leben zur Last und kann auch sein Reisebüro nicht wirklich erfolgreich führen. Denn mit so einem Fehlerverständnis lernt man nie aus eigenen Fehlern. Man wiederholt sie.

Fehler sind kein Sündenfall, sondern Lernchancen.

Chancen, es beim nächsten Mal besser zu machen. Aber das muss man erst einmal für sich selbst erkennen, verstehen und verinnerlichen, bevor man es seinem Team schonend beibringen kann.

Wie konstruktiv ist Ihre Fehlerkultur? Wie die Ihres Teams? Begreifen Sie Fehler spontan eher als etwas Schlimmes, etwas das nicht hätte passieren dürfen – oder als Chance, etwas fürs nächste Mal daraus zu lernen?

## Controllitis

Ein anderes Extrem ist die Controllitis: Etliche ReisebüroleiterInnen begraben ihr Team auf einem Zahlenfriedhof. Pro Aktion müssen so viele Kennziffern ausgefüllt und Excel-Spreadsheets angefertigt werden, dass allein dadurch der Überblick und die Motivation verloren geht. Manchmal ist der Aufwand für die Controllingzahlen größer als für die Marketing-Aktion selbst.

Warum? Weil einige ReisebüroleiterInnen ein Faible für Zahlen haben. Zahlen geben ihnen das phantastische Gefühl, den vollen Überblick, alles im Griff zu haben. Jedoch:

> Wer vor lauter Messen nicht mehr zum Machen kommt, hat bald nichts mehr zu messen!

Manchmal ist die Controllitis Symptom der Verdrängung: Es ist eben einfacher, am grünen Tisch Zahlen hochzurechnen als eine Aktion anzuleiern und sich mit lebenden Kunden herum zu schlagen. Das Controlling wird quasi als Ausrede für mangelnde Initiative und Handlungsorientierung missbraucht.

Auch hier gilt: Je besser das Self-Management, desto besser das Management. Wer an Controllitis leidet, muss das erst einmal selbst erkennen und sich auf ein vernünftiges Maß an Kennzahlen zurück besinnen, indem er/sie die Bedürfnisse hinter der Controllitis erkennt und auf sinnvollere Weise befriedigt. Oft reicht es schon, sich die überzogenen Bedürfnisse hinter der Controllitis bewusst zu machen, damit sie einen in Frieden lässt.

## Die zentral verschriebene Controllitis

Eine andere Sache ist es, wenn Ihnen als Filialleiter einer großen Kette die Controllitis quasi aufgezwungen wird: Die Zentrale fordert von Ihnen regelmäßig die Lieferung von Lasterladungen voll Zahlen, die wahrscheinlich ohnehin keiner liest, wie Führungskräfte oft vermuten. Wieviel Zeit dafür drauf geht! Wieviel Nützliches man in dieser Zeit tun könnte! Als erfahrener Praktiker sind Sie möglicherweise schon von sich aus auf den Trichter gekommen: Damit Verwaltungsaufgaben einen nicht unnötig von der Kundenpflege und Umsatzgewinnung abhalten, sollte man nicht unbedingt in 50 Minuten machen, was man auch in 15 machen kann ...

Wenn Führungskräfte auf meinen Seminaren dieses leidige Thema ansprechen, verschafft ihnen folgender Reframe binnen Sekunden große Erleichterung:

> Die Controller in der Zentrale wollen Sie mit ihrem Zahlenhunger nicht schikanieren oder ärgern. Sie wollen lediglich Transparenz und die zahlenmäßige Sicherheit, dass bei Ihnen alles in geregelten Bahnen läuft.

Und da sie nicht selbst vorbeikommen können, möchten sie sich diese Planungssicherheit eben mit den nachgefragten Zahlen verschaffen. Diese Erkenntnis hat schon sehr vielen Führungskräften in der Touristik geholfen, ihre Wut auf die Zentrale zu verlieren und mit Verständnis zu reagieren: „Die meinen es doch nur gut. Die wollen eben auch sehen, was bei uns so alles abläuft.“

## Christenverfolgung

„Aus Fehlern wird man klug." Den Erfinder dieses volkstümlichen Sprichwortes müsste man eigentlich verklagen. Vielleicht wusste er das. Vielleicht ist deshalb sein Name nicht bekannt. Denn dass jemand aus Fehlern klug wird, ist die krasse Ausnahme. Das Lernen aus Fehlern gehört zum Kompliziertesten, was es überhaupt gibt. Zwei Komplexitätsfaktoren haben wir bislang kennengelernt: Man darf Aktionscontrolling nicht sporadisch, sondern muss es regelmäßig betreiben. Und man darf es nicht übertreiben.

Ein dritter Faktor ist die späte Christenverfolgung. Viele Führungskräfte, die ihre Marketing-Aktionen controllen, hauen ihren Mitarbeitern die Controllingzahlen um die Ohren: „Sie machen nur drei Telefonanrufe am Tag. Sie müssten aber laut Aktionsplan acht machen!" Kein Wunder, dass das Controlling daraufhin von den Mitarbeitern bekämpft und von den meisten Vorgesetzten bald darauf aufgegeben wird.

> Wer sein Controlling als Druckmittel einsetzt, missbraucht Zahlen und Mitarbeiter.

Dass die meisten schlecht geschulten Führungskräfte das tun, macht den Missbrauch nicht besser.

> Man sollte seinem Mitmenschen die Wahrheit nicht wie einen nassen Lappen um die Ohren schlagen. Man sollte sie ihm hinhalten wie einen Mantel, damit er hineinschlüpfen kann.

Das ist eine hohe Kunst. Man nennt sie auch Führungskunst. Gute Führungskräfte beherrschen diese Kunst. Mitarbeiter brauchen und mögen Zahlen. Sie geben ihnen Orientierung und Motivation. Was sie nicht brauchen, ist die Controlling-Peitsche.

## Wie controllt man?

Lassen Sie sich nicht durch die herrschende Diskussion verunsichern. Diese macht Controlling viel komplizierter als nötig. Im Grunde ist Controlling herzlich einfach:

Wenn Sie Ziele haben, haben Sie auch ein Controlling.

Das Controlling ergibt sich aus den Zielen. Weil man an der Praxis am schnellsten versteht und lernt, spielen wir das mal an einem Beispiel durch. In jüngster Zeit erlebt das Bergwandern eine ungeahnte Renaissance. Vor allem rüstige, betuchte Senioren haben es wieder für sich entdeckt. Also beschließt ein Reisebüro knapp oberhalb des Brezel-Äquators (nördlich Stuttgart), eine Aktion zu Bergwander-Wochenurlauben zu starten. Die Reisebüroleiterin legt zusammen mit ihrem Team fest: „Wir wollen innerhalb eines Monats auf dauerhaft zehn Buchungen pro Woche kommen." Damit ist schon eine Controlling-Maßzahl klar.

Um das Ziel zu erreichen, werden mehrere Marketing-Instrumente eingesetzt. Eines der ersten ist die Rund-E-Mail an alle ABC-Kunden in der Datei. Bringt das was? Ja, wenn es controllt, das heißt gesteuert wird. Hoppla? Richtig, die meisten Menschen übersetzen Controlling mit Kontrolle. Das ist schlicht eine falsche Übersetzung. Die korrekte Übersetzung lautet: Steuerung. Was ja auch einleuchtet: Nur was gesteuert wird, kommt ins Ziel. Mit Kontrolle hat das prinzipiell nichts zu tun.

Wann bringt die E-Mail-Aktion was? „Wenn 90 Prozent der angemailten Kunden nach Erhalt der Mail über unser Angebot Bescheid wissen", sagt die Reisebüroleiterin. Das heißt, wenn der Erinnerungsgrad 90 Prozent ist. Eine stichprobenartige Telefon-Nachfassaktion ergibt: dieses Controling-Ziel wurde nach der ersten Aussendung um gut die Hälfte verfehlt. Die Nachfass-Aktion ergibt auch, warum: Zu umfangreiche und unübersichtliche Mail. In der Zweitaussendung wird das korrigiert. Der Erinnerungsgrad liegt danach bei 87 Prozent.

Das reicht aus, um einen Kunden-Event anzubieten, bei dem attraktive Wander-Packages, Destinationen und Routen vorgestellt werden. Ziel sind erst einmal 50 TeilnehmerInnen. Dafür sind 500 Telefonanrufe nötig – noch zwei Controlling-Kennzahlen, mit Hilfe derer die Aktion ins Marketingziel gesteuert wird.

| Jede Handlungsstufe einer Marketing-Aktion hat mindestens eine, maximal drei eigene Controlling-Kennzahlen. |
|---|

Welche das sind, bestimmen allein Sie und Ihr gesunder Menschenverstand. Ich rate davon ab, Kennziffern blind aus Ratgebern zum Performance Measurement oder zum Controlling abzukupfern. Das sieht zwar immer recht hochgestochen aus. Doch wenn diese Zahlen nicht für Ihre spezielle Aktion zielführend oder zu kompliziert sind, schaden sie mehr als sie nutzen.

| Vertrauen Sie bei der Wahl Ihrer Controlling-Maßzahlen Ihrem gesunden Menschenverstand und halten Sie Ihr Controlling so einfach und einleuchtend wie möglich. |
|---|

Alles muss so einfach, klar, übersichtlich und aufwandsarm wie nur irgend möglich sein. Sonst macht es keinen Spaß. Und was keinen Spaß macht, wird bald aufgegeben.

## Oh Gott, nicht das auch noch!

Das ist der Ausruf vieler Controlling-Neulinge. In unserem Beispiel stöhnte eine Expedientin: „Warum brauchen wir einen Erinnerungswert von 90 Prozent? Reicht es nicht, die Kunden anzumailen? Irgendwas bleibt doch immer hängen!“ Man hat ohnehin schon genug zu tun, ohne dass man einem Mailing hinterher telefoniert und den qualifizierten Recall-Wert (so nennen Marketing-Controller das) ermittelt. Das sind die Einwände, mit denen Sie sich als gute Führungskraft auseinander setzen müssen. Die Argumente sprechen für Ihren Standpunkt:

- Controlling macht keinen großen Aufwand. Meist reicht es, Strichlisten zu führen und diese mit ein paar Anschlägen in einer Excel-Tabelle auszuwerten.
- Der Aufwand ist immer um mindestens den Faktor zehn kleiner als der Ertrag: Man sieht hinterher nämlich glasklar, ob man mit einer Marketing-Aktion auf Erfolgskurs ist oder seine Aktivitäten schleunigst korrigieren sollte.
- Es ist besser, einen Fehler sofort zu erkennen und zu korrigieren als darauf zu warten, dass er die ganze Marketing-Aktion sabotiert und das dann erst bei der Endabrechnung herauszufinden.
- Probieren geht über Studieren: Wer zwei-, dreimal seine Marketing-Kennziffern hochgerechnet hat, ist von der dadurch erzielten Transparenz meist so begeistert, dass er zum überzeugten Controlling-Fan wird.

## Controlling steigert Ihre Überzeugungskraft

Was sagen Mitarbeiter, wenn Sie Ihnen eine Marketing-Aktion ankündigen? Oftmals Dinge wie:
„Das bringt doch nichts!“
„Das hat beim letzten Mal doch auch nicht gezündet!“
„Das hält uns nur von der eigentlichen Arbeit ab und bringt nicht viel!“

Regt Sie sowas auch auf? Dann haben Sie mit dem Controlling das perfekte Überzeugungsinstrument in der Hand. Denn dann können Sie knallharte Fakten auf den Tisch legen: „Bitteschön, hier könnt ihr es sehen: Beim letzten Mal haben wir damit X Buchungen im Wert von Y Euro erzielt. Ist das etwa nichts?“

ZDF – Zahlen, Daten, Fakten – überzeugen immer noch am schnellsten und einfachsten. Controlling als Motivationsinstrument? Da staunen Sie, was?

## Die verdammte Rabattdiskussion

Vielleicht hören Sie das auch öfters aus Richtung Ihrer Mitarbeiter: „Wir können nicht mehr Reisen verkaufen, weil die Kunden immer nur Rabatte wollen. Und die Konkurrenz gibt viel mehr Rabatte als wir!“

Das ist das ultimative Totschlag-Argument für jedes Marketing. Egal, welche geniale Marketing-Aktion Sie aus dem Hut zaubern, die Mitarbeiter können sie mit diesem Argument und einem kalten Lächeln vom Seil schießen. Ist Ihnen auch schon passiert? Dann empfehle ich Ihnen das Controlling-Experiment eines Frankfurter Agenturleiters.

Dieser hatte die Faxen und das Rabattwehklagen seiner ExpedientInnen irgendwann satt. Er aktivierte sein Controlling, sprich: Er ließ eine Strichliste mit der simplen Maßgabe anfertigen: „Bitte macht in der linken Spalte Striche für die Kunden, die ihr in einer Woche beraten habt und in der rechten Spalte Striche für die Kunden unter ihnen, die von sich aus einen Rabatt ansprachen.“

Es spricht für die Führungskompetenz des Chefs, die Ehrlichkeit seines Teams und das gute Arbeitsklima, dass die ExpedientInnen die Strichliste nicht verfälscht, sondern ehrlich ausgefüllt haben. Schließlich waren auch sie neugierig auf das Ergebnis. Und das Ergebnis war: Weniger als fünf Prozent der Kunden wollten von sich aus Rabatt! Hätte man vor der Controlling-Aktion die MitarbeiterInnen gefragt, hätten sie eher „Über 50 Prozent!“ gesagt.

Das Bauchgefühl kann schrecklich täuschen.

Nicht nur bei der Einschätzung der Rabattquote. Das ist doch gerade das Gefährliche am Management by Bauchgefühl:

Bauchgefühl ist gut, Controlling ist besser.

Wenn man mit Bauchgefühl ein Unternehmen wirklich langfristig erfolgreich führen könnte, dann wäre die komplette Managementlehre überflüssig; Bilanz und GuV übrigens auch.

Es graut einem vor der Vorstellung, was passiert wäre, hätte sich der Agenturleiter in unserem Beispiel auf sein und das Bauchgefühl seiner MitarbeiterInnen verlassen: Er hätte großzügig Rabatt gegeben, ohne dass neun von zehn Kunden überhaupt Rabatt gewollt hätten! Der Deckungsbeitrag des Reisebüros wäre zusammengebrochen – und dabei hätte noch nicht mal jemand die Ursachen dafür erkannt. Bestimmt hätte man gesagt: „Unser Ertrag liegt am Boden – trotz großzügiger Rabatte!“ Man hätte wahrscheinlich noch nicht einmal gemerkt, dass das nicht trotz, sondern wegen der Rabatte so ist ...

## Was es Ihnen bringt

Ich habe einige Aussagen von Führungskräften aus der Touristik gesammelt, die seit kurzem regelmäßig ihre Marketing-Aktionen controllen:

- „Wir sehen jetzt schwarz auf weiß, welche Aktionen was bringen und warum. Wir haben uns schon von denen verabschiedet, die nicht viel bringen und die anderen entscheidend verbessern können."
- „Mit harten Zahlen in der Hand fühle ich mich bei Marketing-Entscheidungen viel sicherer. Ich schlafe jetzt ruhiger."
- „Es motiviert mich und die Mitarbeiter unheimlich, wenn wir vor der nächsten Phase einer Aktion sagen können: Was waren die Zahlen vom letzten Mal? Da legen wir jetzt noch einen drauf!"
- „Seit wir controllen, ist das Team viel motivierter. Jeder weiß genau, worauf es ankommt."
- „Manche hängen sich die aktuelle Zielgröße an den PC. Das ist Motivation pur!"

# Nachwort

## Sie sind noch hier?

Phantastisch, dass Sie so lange bei der Stange geblieben sind. Welche Erfahrung haben Sie dabei gemacht? Wahrscheinlich, dass es manchmal recht lustig sein kann, manchmal auch etwas anstrengend. Diese Erfahrungen sind typisch für Marketing: Marketing macht Arbeit – aber auch Spaß. Einmal ganz vom Erfolg abgesehen, den es verschafft.

Werden Sie es schaffen, ein professionelles Marketing in Ihrem Reisebüro einzuführen? Ja. Das kann ich aus Erfahrung sagen. Wer über 200 Seiten bei der Sache bleibt, zeigt genügend Engagement und Intelligenz, Willensstärke und Ausdauer, um es auch in der Praxis zu schaffen.

Wie geht es Ihnen jetzt? Sie fühlen sich ganz zuversichtlich? Das ist gut. Viele Führungskräfte sagen nach dem theoretischen Teil auch: „Da habe ich jetzt eine ganze Menge zu tun. Wo fange ich bloß an?" Sofort fallen einem tausend Dinge ein, die man möglichst gleichzeitig anpacken sollte. Das geht auf jeden Fall schief, wie Sie aus eigener Erfahrung wissen. Vertrauen Sie dieser Erfahrung.

> Je mehr und je größere und neuere Dinge Sie sich für den Anfang vornehmen, desto eher scheitern Sie.

Das wünsche ich Ihnen nicht. Also fangen Sie klein an, mit wenigen und schon relativ vertrauten Themen, Vorhaben oder Instrumenten. Kein Vorhaben ist zu klein, wenn es vom Erfolg gekrönt ist. Wer die kleinen Erfolge nicht ehrt, ist der großen nicht wert.

Ein anderes Problem in der Umsetzungsphase ist: „Ich würde ja schon gerne – aber ich habe einfach keine Zeit!“ Das kennt jede(r) von uns. Und jede(r) weiß, dass das im Grunde Unfug ist: Zeit hat man nicht, man muss sie sich nehmen. Sie nehmen sich das auch schon seit Wochen vor? Und das haut trotzdem nicht hin? Das würde mich auch wundern.

Ein guter Vorsatz nützt selten etwas. Wenn Sie Zeit für ein Vorhaben freischaufeln wollen, fassen Sie keine guten Vorsätze, sondern machen Sie Terminvereinbarungen mit sich selbst.

Die meisten ReisebüroleiterInnen haben mit sich selbst einen Jour fixe vereinbart: „Immer dienstags von 8 bis 9 mache ich meine Marketing-Sitzung.“ So halten es jene Führungskräfte, die ein regelmäßiges Zeitgerüst motiviert. Die spontanen Führungskräfte sagen dagegen: „Ich terminiere meine Marketing-Stunde von Fall zu Fall. Aber mindestens einmal die Woche.“

Einmal die Woche eine Stunde – mehr ist nicht nötig. Weniger sollte es auf keinen Fall sein.

„Das würde ich ja schon gerne“, sagen einige Führungskräfte. „Aber wenn es hoch hergeht, ist das der erste Termin, der gestrichen wird.“ Verständlich, aber ein klarer Management-Fehler:

In der Marketing-Stunde geht es um den nachhaltigen Erfolg und die Existenz Ihres Unternehmens. Behandeln Sie deshalb die Marketing-Terminvereinbarung mit sich selbst wie einen Termin mit einem A-Kunden.

Dazu gehört auch, dass Sie während dieses Termins absolut ungestört sind. Auch darf man einen Termin mit einem A-Kunden nicht canceln. Man darf ihn höchstens innerhalb einer Woche verschieben. Existenzsicherung hat oberste Priorität. Klar? Eigentlich schon. Trotzdem leiden wir alle unter dem Diktat des Dringlichen. Wenn die operative Hektik tobt, dann findet man eben kaum Zeit für das wirklich Wichtige. Geht Ihnen auch so? So geht das vielen. Trotzdem ist es zu schaffen. Wie?

Wenn das Dringende mal wieder das Wichtige verdrängt, stellen Sie sich die Gewissensfrage: Was ist hier und jetzt wichtig und was bloß dringend?

Diese simple Frage wirkt bewusstseinsbildend. Sie werden fast körperlich spüren, wie das Bewusstsein für Ihre Prioritäten augenblicklich zurückkommt. Probieren Sie's aus. Wenn Sie ein hartnäckiger Fall sind: Malen Sie sich zusätzlich aus, wie Sie in fünf Monaten dastehen werden, wenn Sie fünf Monate lang das wirklich Wichtige vernachlässigen. Gruselig, nicht? Und sehr motivierend.

Was machen Sie an Ihrem Jour fixe de Marketing? In den nächsten Wochen auf jeden Fall eines nicht: die schlimmste Baustelle mit Marketing-Instrumenten anpacken.

Es ist Unfug, neue Instrumente am schlimmsten Fall auszuprobieren.

Das geht immer schief. Also beginnen Sie maßvoll. Nur wer im Kleinen Erfolg hat, hat das auch im Großen. Setzen Sie sich darüber hinaus nicht zu ehrgeizige Ziele. Allein schon die Tatsache, dass Sie sich jede Woche eine Marketingstunde gönnen, ist marketingmäßig schon ein absoluter Durchbruch, ein Meilenstein, ein Paradigmenwechsel.

Suchen Sie sich für den Anfang ein kleines aber feines Marketing-Projekt, das zwei Bedingungen erfüllt: Es muss Ihnen Spaß machen und es muss absehbar schnell Erfolg zeigen.

Wenn Sie sich an diese überlegene Veränderungsstrategie halten, werden Sie am schnellsten zum Wiederholungstäter, weil der Erfolg Sie beflügeln wird.

An dieser Stelle möchte ich mich bei allen Seminarteilnehmern, Coaching- und Beratungskunden bedanken, die für dieses Buch jede Menge Fallbeispiele, Erfahrungen, Tipps und Tricks zur Verfügung gestellt haben. Das macht das Buch zu einem Ratgeber von Praktikern für Praktiker. Besonders bedanken möchte ich mich bei allen Lesern der ersten Auflage des Buches. Sie haben mit ihren Fragen und Rückmeldungen dafür gesorgt, dass diese zweite, komplett neu gefasste Auflage glatt „doppelt so gut ist wie die erste“ wie mir begeisterte Testleser bestätigen.

Diese schöne Übung wollen wir beibehalten: Egal, was Ihnen bei Lektüre oder Umsetzung ein- oder auffällt – lassen Sie es mich wissen. Erfahrungsaustausch macht besseres Marketing.

Wer sich über das Buch hinaus über neueste Entwicklungen, Fallbeispiele, Tipps & Trends oder Trainings, Coaching und Beratung zum Reisebüro-Marketing informieren möchte, findet alles Nötige und Wissenswerte im Internet unter www.countertalk.de. Wenn ich Sie darüber hinaus im strategischen oder operativen Tagesgeschäft unterstützen kann, tue ich das natürlich gerne. Sie erreichen mich unter:

Wölkner & Partner
Consulting Training
Postfach 2106
71011 Böblingen
Tel 07031-23 30 63
Fax 07031-4 61 69 29
E-Mail: mail@woelkner.de

# Mehr Erfolg am Counter

## Reisen besser und schneller verkaufen

Mehr Spaß am Counter? Und dazu noch mehr Erfolg, mehr Umsatz, zufriedenere Kunden (und Vorgesetzte), schnellere und angenehmere Beratungsgespräche? Geht das denn zusammen?

Tatsächlich, es geht, und zwar mit einer professionellen Gesprächsführung. Dabei müssen Sie noch nicht einmal in die psychologische Manipulationskiste greifen – im Gegenteil! Am erfolgreichsten ist immer noch eine ganz natürliche, menschliche, fließende, aber gesprächstechnisch professionell geführte Kundenberatung. Das Geheimnis von Spaß und Erfolg hinterm Counter sind die Urlaubsmotive des Kunden: Was erwartet er von seinem Urlaub? Wer sich an diese Motive hält, dem ist der Erfolg, der Spaß und die Dankbarkeit des Kunden (und des Vorgesetzten) sicher.

ISBN 3-937677-00-3
19,80 Euro

Deutscher Kommunikations Verlag
http://www.d-k-verlag.de

# So reden Chefs

## Handbuch der Führungskommunikation

Machen Ihre Mitarbeiter, was Sie wollen? Oder eher, was sie wollen? Machen sie es vor allem so, wie Sie es wollen? Die meisten Führungskräfte antworten darauf mit einem kräftigen, wenn auch frustrierten Nein. Warum? Weil Mitarbeiter doof sind? Nein, weil 90 Prozent der Führung Kommunikation sind – und weil niemand jemals den Führungskräften sagte, wie man kommunizieren muss, damit die Mitarbeiter spuren. Die meisten Bücher über Führungskommunikation sind viel zu kompliziert, esoterisch oder fachchinesisch, um jemals in der Praxis anwendbar zu sein. Dieses nicht. Es ist von einer Führungskraft für Führungskräfte geschrieben, vom Praktiker für Praktiker. Es wird Sie überraschen: Effektive Kommunikation ist viel einfacher als Ihnen Gurus und Experten weismachen wollten. Sie brauchen im Grunde nur zwei Dinge dafür ...
Daneben enthält das Buch Musterformulierungen, Beispiele und Pannen-Prophylaxe für die alle wichtigen Gesprächsanlässe der Führung, vom Einstellungs- über das Kritik- bis zum Kündigungsgespräch, von der Meeting-Moderation bis zur Präsentation.

Damit Ihre Mitarbeiter endlich das tun, was Sie ihnen sagen!

ISBN 3-937677-02-X
Preis: 29,00 €
www.d-k-verlag.de

DEUTSCHER KOMMUNIKATIONS VERLAG